大台北親子遊

160+人氣景點大滿足提案，

完美行程 X 主題探索 X 趣味體驗，

超多規劃原來還可以這樣玩

本書所列旅遊相關資訊，以 2020 年 12 月為基準。資訊因時因地會調動，出發前請利用書中的網址再次確認。

推薦序

超多親子景點，一整年玩不完！

回想起第一次看到可大王的文字，一直誤認為他的名字是可愛大王。在認真的閱讀了他的部落格後，才發現原來他的可愛是天然的，滿滿的親子公園、親子行程，讓孩子們跟著他出門就會有天真滿足的笑容。

可大王跟我一樣有兩個孩子，一定也能深深體會每趟出門都像大戰，會把人腎上腺素逼到極限，但不帶出門又像缺少了什麼，覺得旅行有了缺角，每次只要發現跟我一樣愛出遊的爸爸，心中就會浮現英雄惜英雄的敬佩感。

現在他將這份愛玩又可愛的力量，寫成文字，帶你暢遊大台北地區。書中收錄超過 160 個親子景點，都是我超想去的口袋名單，相關的資訊也都幫你統整好了。我最愛書中分區域的路線安排，每週鎖定一條行程，可以玩上一整年，入手一本立刻讓你升級成親子達人，上山下海行走公園爬步道，隨時都有玩不完的景點。

小孩的保存期限只有 10 年左右，別讓他們只有 3C 產品陪伴，拿著這本《大台北親子遊》，出門去踏青、曬太陽！

流量破億
親子旅遊作家
寶寶溫

作者序

大台北超人氣親子路線馬上出發！

40 歲那年，家裡迎來新的家庭成員，我向公司請了一年半的育嬰假開啟家庭主夫的主線任務。揹起相機，推著三輪車，車上坐著小小孩，大人小孩離家出走，開始勤跑大台北各地景點。

一年半的日子，我和弟弟跑了不少地方，這才發現，大台北景點多到玩不完：親子公園共融遊戲場堪稱無料遊樂園，搭乘大眾運輸就能抵達，不管是偽單親或是豬隊友，都能輕鬆單打小孩。

室內景點也不少，各種觀光工廠、博物館、美術館，花少少錢就能玩上一整天，不受天候影響，一年四季都能盡情暢遊。科教館敲敲打打的手工坊，讓小孩越玩越有創意；天文館有趣的宇宙探險，激發小孩探索有趣的世界。

若是喜愛大自然，從市區開車只要一小時就能抵達東北角，這裡有美景步道，其中更有不少景點連推車都能輕鬆造訪，帶著孩子走入山林秘境真的很簡單。夏天就來北海岸，小孩能在沙灘上盡情玩水、挖沙，或是下海摸魚抓蝦，遼闊大海任悠遊。

大台北如果玩不夠，宜蘭近年興起許多親子景點讓家庭客們趨之若鶩，忍者村、射擊博物館，超有創意景點等你來挑戰。另外，千萬別錯過動物農場，小孩當起鴨保母或是羊媽媽，拿著飼料或牧草親近小動物。

陪伴孩子走訪這 160 多個景點後，深深覺得大台北地區擁有超豐富的觀光資源與景點，不管是親子家庭或是城市輕旅行，希望這本書都能帶給你豐富的資訊，讓我們陪著孩子一起玩，共同度過這段生命中最美好的時光吧！

可大王

台北市親子遊

台北車站周邊

鐵道迷的奇幻旅程
鐵道部園區 　11
三井倉庫 　13
台北北門 　14
撫臺街洋樓 　15

軍武迷的秘密景點
中山堂 　16
國史館 　18
國軍歷史文物館 　20

一起進入恐龍世界
台北賓館 　21
土銀展示館 　23
臺灣博物館 　25
二二八和平公園 　26

萬華、中正區

西門町購物吃美食
西本願寺 　28
黑熊先生巧克力布朗尼 　30
日藥本舖博物館 　31

一起同樂古早味童玩
剝皮寮歷史街區 　32
台北市鄉土教育中心 　34
和平青草園共融遊戲場 　36

郵務士大體驗
郵政博物館 　37
紀州庵文學森林 　39
萬華故事館 　41
青年公園 　41

中山、大同、中正區

來場格列佛歷險記
袖珍博物館 　44
Y17 飛輪世界 　46
華山大草原遊戲場 　48

到迪化街看偶戲
大稻埕戲苑 　49
迪化 207 博物館 　51
大稻埕碼頭 　52

信義、南港區

登高 101 遠眺台北城
台北探索館 　54
中油石油探索館 　56
台北 101 觀景台 　57
象山公園 　59

特色親子公園玩整天
新新公園 　60
玉成公園 　62
南港公園 　63

體驗虛擬銀行學理財
中信金融園區 　65
歷史文物陳列館 　67
山水綠生態公園兒童遊戲場 　69

士林、中山、北投區

到圓山感受藝術氛圍
北美館 　71
圓山自然景觀公園 　73
舞蝶共融遊戲場 　74

超高溜滑梯好玩刺激

故宮兒童學藝中心	75
原住民文化主題公園	77
天母夢想公園	79

沉浸花草香氛戲水趣

台北典藏植物園	81
林安泰古厝	83
大佳河濱公園海洋遊戲場	85

到外太空冒險玩樂趣

天文館	86
科教館	88
兒童新樂園	90

爬山健行鍛鍊好體力

冷水坑	93
擎天崗	95
好樣秘境	96

攻略台北第一高峰

小油坑步道	98
想陽明山	100

賞花祕境肆意漫遊

花卉試驗中心	102
美軍俱樂部	104
豆留森林	106

感受迷人的鐵道魅力

新北投車站	107
台北市立圖書館北投分館	109
北投溫泉博物館	110
長安公園	112

新北市親子遊

板橋、中和區

魔法城市的親子樂園

林本源園邸	115
四維公園	117
新板藝廊	118
蝴蝶公園	119

超長滾輪滑梯好刺激

錦和運動公園	120
員山公園	122
恐龍園區	124

三重、新莊、五股、八里區

新北最強親子公園

空軍三重一村	127
新北大都會公園	129
新莊棒球主題公園	131

遠眺林口台地美景

林梢步道	133
猛禽展示館	135
豹豹咖啡	137
卡滋爆米花觀光工廠樂園	138
十三行文化公園	140

淡水、林口區 ⋯⋯⋯⋯⋯⋯⋯⋯

到紅樹林認識濕地生態

紅樹林生態步道 143

淡水海關碼頭 145

滬尾藝文休閒園區禮萊廣場 146

閑恬 Mydeli 手作美味坊 149

參觀小小動物園餵食趣

林口樂活公園 150

竹林山觀音寺 152

台灣山豬城 154

水牛坑 155

新店、烏來區 ⋯⋯⋯⋯⋯⋯⋯⋯

踩著天鵝船悠遊碧潭

碧潭 157

和美山步道 159

瑠公公園 160

浪漫粉櫻簇擁 101 美景

銀河洞瀑布步道 161

青立方農場 163

騰龍御櫻 164

漫步老街學習部落文化

新烏路 165

內洞森林遊樂區 166

烏來老街 168

鶯歌、三峽、土城區 ⋯⋯⋯⋯⋯⋯

清涼一下開心打水仗

鶯歌陶瓷博物館 171

古鐘樓公園 173

永吉公園 174

森林遊樂區輕鬆漫遊

滿月圓國家森林遊樂區 176

大寮茶文館 178

老街美食 & DIY 體驗

三峽皇后鎮森林 180

東道飲食亭 182

禾乃川國產豆製所 183

手信坊創意和菓子文化館 184

汐止區 ⋯⋯⋯⋯⋯⋯⋯⋯⋯⋯

享受魚兒 SPA 樂趣

姜子寮絕壁步道 186

茄苳瀑布 188

柯子林游泳池 189

外拍打卡熱門景點

遠雄建築館暨文化館 190

康誥坑溪 192

拱北殿 193

新山夢湖 195

金山、萬里區 ⋯⋯⋯⋯⋯⋯⋯⋯

去金山餵鹿玩水去

鹿羽松農場 198

朱銘美術館 200

金山皇后鎮森林 202

飽覽金山海岸三大奇景

台電北部展示館 204

水尾漁港神祕海岸 206

獅頭山公園 207

中角灣國際衝浪基地 208

靠北過日子 209

北海岸 ⋯⋯⋯⋯⋯⋯⋯⋯⋯⋯

白沙灣滿滿海洋風情

米詩堤極北藍點 211

白沙灣 213

麟山鼻 214

最美的玩水景點

石門洞 215

富貴角燈塔 217

老梅綠石槽 218

東北角 ⋯⋯⋯⋯⋯⋯⋯⋯⋯⋯

環景仙境步道

鼻頭角步道 220

南子吝步道 222

發掘豐富的海洋生態

金沙灣海濱公園	224
馬崗潮間帶	226
萊萊地質區	227

登高感受異國濃厚氛圍

龍洞灣岬步道	229
桃源谷	231
三貂角燈塔步道	232

到九份感受美好慢時光

報時山步道	234
無耳茶壺山步道	236
祈堂老街	237

十分完美的旅行

十分瀑布	239
十分老街	241
望古瀑布	242

番外篇

基隆、宜蘭親子遊

基隆 ·····

最好玩的海洋樂園

海科館	245
潮境公園	247

人氣景點大集合

情人湖公園	249
外木山濱海大道	251
海興游泳池	252

大自然生態輕鬆漫遊

和平島公園	254
忘憂谷	256
大坪海岸	257

宜蘭 ·····

最好玩的海洋樂園

宜蘭忍者村	259
金車生技水產養殖研發中心	261
甲鳥園	263

螃蟹冒泡玩水超神奇

可達休閒羊場	265
香草菲菲	266
螃蟹冒泡	267

漫步林中享受芬多精

宜農牧場	268
中興文化創意園區	270
羅東林業文化園區	272

超多手作玩好玩滿

傳藝中心	275
虎牌米粉那個年代產業文化館	277
蠟藝蠟筆城堡	279
安永心食館	281

活力有勁超好玩

鴨寮故事館	282
邱比準射擊博物館	284
中華中划黃金河道獨木舟	285
武淵水火同源	286

台北捷運路線圖

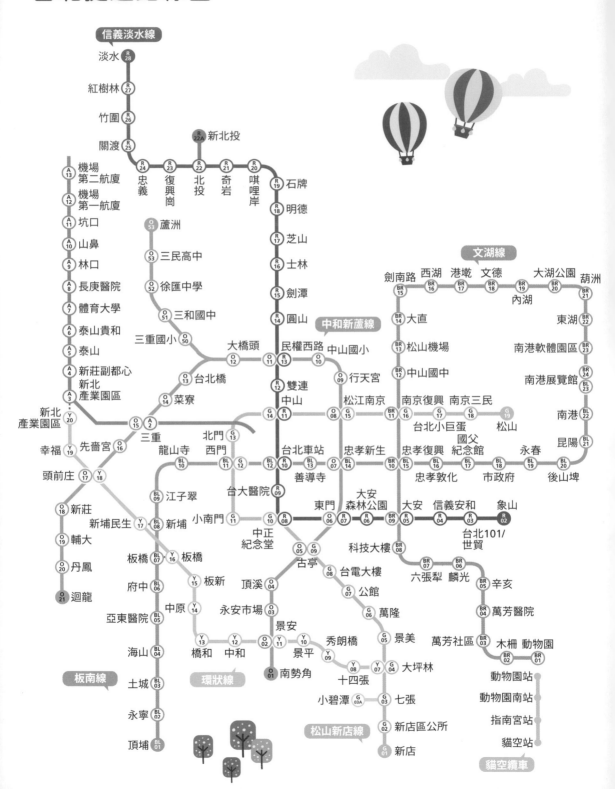

台北市親子遊

台北車站周邊 · 萬華／中正區 ·
中山／大同／中正區 · 信義／南港區 ·
士林／中山／北投區

鐵道迷的奇幻旅程

北門站

● 鐵道部園區 P.11

台北北門 P.14 ●　● 三井倉庫 P.13

撫臺街洋樓 P.15 ●

台北車站

一起進入恐龍世界

● 中山堂 P.16

土銀展示館 P.23 ●

● 臺灣博物館 P.25

● 西門站

台大醫院站

二二八和平公園 P.26 ●

軍武迷的秘密景點

● 國史館 P.18

台北賓館 P.21 ●

● 國軍歷史文物館 P.20

美麗博物館聚落，走讀台北歷史就醬玩！

鐵道部園區 ▶ 三井倉庫 ▶ 台北北門 ▶ 撫臺街洋樓

台北車站位於台北市交通樞紐又鄰近許多台北古蹟，可以台北車站為圓心，台北歷史為半徑，親子走讀古蹟一日遊。

鐵道部園區

雨天ok!

　　台北最美古蹟臺博館鐵道部園區，經歷 16 年的翻修終於華麗登場，磚紅色的古典外觀，對稱的塔樓建築，輕柔地劃出一絲優美弧線，為台北車站的周圍腹地增添綠意及歐式風情。

　　園區廣大，計有廳舍、八角樓、電源室、食堂、工務室、戰時指揮中心等 6 座建物，展間以入口處的廳舍為主。廳舍一樓主要展出鐵支路與火車日常兩項常設展，帶你看見台灣鐵道的百年歷史與路線。

　　其中，鐵道路線展間利用超大投影牆播放車站與火車的歷史照片，螢幕下方則是台灣的地坪模型，上頭不時點亮鐵道路線，很有玩遊戲的感覺。兩側則有觸控螢幕，可以選擇不同的鐵道路線，欣賞各車站的歷史資料。另外還有古典的車頭造型，後方則是餐車車廂，鐵道主題大彙集，絕對讓鐵道迷們尖叫瘋狂！

來到二樓，鐵道動態模型常設展重現 1970 至 1980 年台灣鐵路時代，以及台北第三代火車站周邊場景，精緻的模型搭配燈光變化，大人小孩都愛！逛完室內展間，來到戶外一定要看的就是建於 1919 年的八角樓廁所，外牆以洗石子、牆面分割線來表現仿石砌的古典風格。

最後，兒童特展更是不可錯過的展間，牆上投映著可愛的工廠動畫，帶領遊客走入蒸汽火車的奇幻旅程。這裡最好玩的是將火車的零件作為互動遊戲，小孩玩得不亦樂乎，還能化身小小列車長，開著小火車繞室內一圈，鐵道火車浪漫魅力等你來體驗！

國立臺灣博物館 - 鐵道部園區

地址	台北市大同區延平北路一段 2 號
電話	02-25589790
營業時間	9:30 ～ 17:00；週一休
交通	・捷運松山新店線「北門站」2 號出口，或信義淡水線「台北車站」7 號出口，步行約 5 分鐘 ・公車至「捷運北門站」、「台北郵局」、「聯合醫院中興院區」等站牌

地圖　　官網

門票			
全票	100 元	半票	50 元
四館聯票全票	130 元	四館聯票半票	65 元

四館聯票購票日起一個月內參觀本館及古生物館、南門館及北門館

停車	台北地下街停車場 B2（鄭州路）、Times 延平開封停車場、應安 168 中華北門停車場
年齡	0 歲～成人
參觀時間	2 ～ 3 小時

哺乳室　尿布台　嬰兒車友善環境

三井倉庫

雨天ok!

舊三井物產株式會社北門倉庫興建於 1914 年，日治時期由三井集團所建，紅磚造倉庫建築作為貨物運輸存放的倉庫使用，三井倉庫北往「大稻埕」，南接「西門町」及「南門工場」等，是重要的鐵路轉運站。

2015 年為執行台北市政府西區門戶計畫，先拆除忠孝橋引道，讓北門重見天日。三崁式的兩層樓磚木混合建築，抬頭仰望，特別的弧形山牆，中間是三井物產的菱形商標，鐵鑄的窗戶搭配厚實的磚牆，給人一種堅實堡壘易守難攻的感受。

一樓常設展仿效台北城打造「記憶城區」，小書城的設計以時間為緯度，街道為經度，交錯綜橫構建出台北不同時期的面向，讓遊客從時間或空間瀏覽台北歷史。四周的書架上介紹台北各時期的歷史，並陳列對應的書籍。故事的主角就是居住於台北的每一位市民朋友，認真生活的足跡堆疊成台北城的精彩故事。

二樓特展不定期更換，同樣都以台北的歷史發展為主題，想要了解的朋友不可錯過這精彩一頁。

三井倉庫

地址	台北市中正區忠孝西路一段 265 號
電話	02-23714597
營業時間	13:00 ～ 21:00；週一休
交通	捷運「台北車站」4 號出口步行約 5 分鐘
門票	免費

地圖

停車	台北地下街停車場 B2（鄭州路）、Times 延平開封停車場、應安 168 中華北門停車場
年齡	3 歲～成人　　參觀時間　1 小時

台北北門

戶外景點

　　台北城原有 5 道城門，如今僅有北門保持原有樣貌，樓高兩層，外牆以紅磚堆砌宛若一座堅固的堡壘，保衛著城內人民抵禦外來的侵犯。廣場上設有十一面的解說牌，介紹北門歷史以及附近的景點。另外由於台北城牆在日治時期遭拆除，廣場上特別放置象徵當年建造城牆的石塊，並說明其來源及建築工法。

　　過去，北門是台北城內人們通往大稻埕的核心門戶；如今，北門擔任台北燈節的光雕秀主角，絢爛光影不停變化，加上輕快悠揚的配樂，讓人感受到節慶的愉悅氣氛，並看見原本深埋的台北歷史底蘊，隨著北門重見天日後，散發出耀眼的光彩。走過北門，輕觸磚牆斑駁的紋理，來這裡尋跡探訪台北的歷史脈絡吧。

北門廣場

地址	台北市中正區忠孝西路一段 120 號（台北郵局旁，忠孝西路、博愛路交叉口）
開放時間	全天開放
交通	捷運「台北車站」4 號出口步行約 5 分鐘
門票	免費

地圖

停車	台北地下街停車場 B2（鄭州路）、Times 延平開封停車場、應安 168 中華北門停車場
年齡	0 歲～成人
參觀時間	1 小時

嬰兒車
友善環境

撫臺街洋樓

雨天ok!

　　撫臺街洋樓外觀是兩層樓的歐風建築，建築形式為特殊少見的獨棟街屋，也是日據時期碩果僅存的獨棟洋樓店舖，一樓為唭哩岸石砌成四柱三間的拱廊。

　　館內空間不大，一樓分為前、後兩進，前面展區固定展示洋樓的歷史，後方則是不定期的台北城歷史特展。一幅幅老台北的日治時期照片就像拼圖般，讓人慢慢拼湊完整的台北歷史。二樓則為特展，主題同樣圍繞於台北歷史。

　　撫臺街洋樓與台北車站附近古蹟群串聯成城市博物館，漫遊其中，彷彿走入台北的前世今生，適合作為親子家庭的走讀場域。

撫臺街洋樓

地址	台北市中正區延平南路 26 號
電話	02-23148080
營業時間	週一至六 10:00 ～ 18:00；週日休
交通	・捷運「台北車站」7 號出口步行約 10 分鐘；或「北門站」1 號出口步行約 10 分鐘 ・公車 9、15、18、22、49、220、232、247、257、262、276、287、513、527、662、重慶南路幹線至「台北郵局站」下車
門票	免費

地圖　　　FB

停車	TIMES 延平開封停車場
年齡	3 歲～成人　　參觀時間　1 小時

訪古蹟、玩軍武，城西玩樂趣！

中山堂 ▶ 國史館 ▶ 國軍歷史文物館

你不知道的西門町，原來不只是年輕人愛來這裡逛街，附近許多古蹟景點及美食更是親子遊的好去處！

中山堂

　　中山堂建築採用鋼筋混凝土，為四層式鋼骨建築，四面迴廊以簡潔幾何線條修飾外觀，揉合古典與現代風格，再以弧型拱門、尖弧高窗結合氣窗、琉璃瓦、斗拱、閩南式陶瓦，以及三角形山牆等，融合回教、希臘及中國元素，形成風格獨具的優美建築。

　　走入大廳，映入眼簾的是幾何圖案的天花板，呈現回教風格的穹窿造形，搭配傳統燈具，營造華麗的氣派氛圍。穿梭於迴廊，走道寬廣且採光明亮，具穿透力的延伸感，讓眼前景物有了層次對比。各展間不定時規劃特展，加上室內景點，不管陰晴風雨都能悠閒地欣賞展覽。

　　逛累了，二樓的堡壘廳提供中西式主餐及輕食、飲料等，附設的陽台曾是蔣中正在此向群眾發表談話的地方，讓人彷彿在歷史場景裡品嚐咖啡香與懷舊氛圍。

來到三樓，場景瞬間變換，走廊以花卉與字畫裝飾，充滿優美典雅的中式風情。原來這裡是台北書院與望月茶坊，茶坊裡的中式長桌上擺著精緻的茶壺器皿，木製窗櫺搭配紗質屏風，為恬靜的空間增添一絲動感與韻律之美。點上幾盞圓型燈籠，映照著溫暖色調，整體空間有濃厚的中式禪意，適合沉澱心思，或是與三五好友品茗談心。四樓則是劇場咖啡，可品咖啡聊是非，或是漫步於迴廊欣賞牆上的畫作，真是愜意。

中山堂不同樓層各有藝文主題以及餐飲輕食，空間開闊；外面有一大片的空地，小孩陶冶性情後，就來這裡發洩精力，是個滿適合放風的景點，可在中式風情、歷史懷舊或是現代寫實中，每個人都能找到適得其所的地方。

中山堂

地址	台北市中正區延平南路 98 號
電話	02-23813137
開放時間	9:30 ～ 21:00；展覽室 9:30 ～ 17:00
交通	捷運板南線「西門站」5 號出口步行約 5 分鐘
門票	免費

地圖　　官網

停車	中山堂地下停車場、台灣聯通衡陽停車場
年齡	6 歲～成人
參觀時間	1 ～ 2 小時

 哺乳室　 尿布台　 嬰兒車友善環境

國史館

雨天ok!

　　國史館緊鄰莊嚴肅穆的總統府，前身是日治時期台灣總督府交通局遞信部，負責全台郵政及電信的部門。現在國史館是我國最高史政機關，為總統府直屬機構，以修纂國家歷史、史料整理、史料文物採集，以及歷任總統、副總統文物管理為主要任務。

　　建築採取西洋古典形式及當時最先進的建築工法，正面由 12 根複合式柱式構成宏偉外觀，牆面以寬橫紋帶及圓拱窗襯托，面寬延及半個街廓，門面雄偉壯麗保存完好，造型異常華麗。

　　入口左側是書店，這裡陳列的書籍多半是台灣近代史，歷史本來就需以中立的角色才能完整綜觀，日本政府治台的現代化、台灣人民對民主思想的興起等，這些台灣近代史逐一拼湊後，才能完整明白台灣的過去及未來。

　　最特別的是館內二樓展出總統及副總統受贈禮品，這些來自各國友邦或是代表所贈送的禮品可不常見，館藏豐富堪稱小故宮。目前展示動物禮讚與美哉大洋洲，精彩的各國主題收藏別無分號，只有這裡看得到。

　　這裡有一個小小畫家遊戲可讓小孩塗鴉，但數量不多，最大亮點還是那些來自不同友邦各具特色的禮品，可以作為全家人的雨天備案，但只有半日開放，可要記好時間別白跑了。

國史館

地址	台北市中正區長沙街一段 2 號
電話	02-23161000
開放時間	週一～五 9:30 ～ 17:00，週末休，假日配合活動開放
交通	・捷運板南線「西門站」3 號出口步行約 6 分鐘 ・公車至「婦聯總會」、「寶慶路」、「捷運西門站」、「博愛路」、「中華路北站」、「東吳大學城中校區」等站牌
門票	免費
年齡	6 歲～成人
參觀時間	1 小時

 地圖　 官網

哺乳室　尿布台　嬰兒車友善環境

國軍歷史文物館

雨天ok!

　　台北有個軍武迷為之瘋狂的秘密景點，位於貴陽街的國軍歷史文物館（簡稱軍史館），館外可以看到許多武器砲彈。

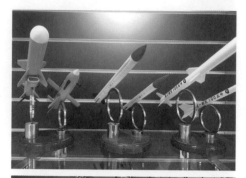

　　來到一樓，常設展陳列自黃埔建軍、東征北伐、抗日、國共內戰各階段的歷史。親子家庭可以直攻第四陳列室，這裡展出許多精緻的軍武模型，小孩一定看得超開心！還有一處砲火體驗室，讓你親身經歷砲彈發射到摧毀目標的震撼感。

　　第五陳列室則展出各時期的武器裝備，如手槍、步槍、機關槍及衝鋒槍等。最好玩的就是射擊體驗區，可以挑選 91 式步槍、65K2 步槍或 57 式步槍，重溫當兵打靶的回憶，紅外線對準到瞄準區就會發出聲響，國小學童也可體驗。

國軍歷史文物館

地址	台北市中正區貴陽街一段 243 號
電話	02-23315730
開放時間	週一至五及每月第一、三、五週的週六 9:00 ～ 16:00 （國定假日或辦公日休館）
交通	・捷運板南線「西門站」2 號或 3 號出口步行約 8 分鐘 ・公車至「捷運西門站」、「寶慶路」、「台北市憲兵隊」或「東吳大學城中校區」等站牌
門票	免費

地圖

官網

- - - - - - - - - -

停車	貴陽街南側有收費停車場
年齡	6 歲～成人
參觀時間	1 小時

哺乳室　尿布台　嬰兒車友善環境

看恐龍逛金庫，浮誇博物館大集合！

台北賓館 ▶ 土銀展示館 ▶ 臺灣博物館 ▶ 二二八和平公園

台灣最浮誇的皇宮每月限定開放、古蹟博物館讓你觀看各種恐龍；
還有親子公園可欣賞水舞、溜滑梯，美好時光咻一下就過去了！

台北賓館

　台北賓館原為日治時期的臺灣總督官邸，外觀融合新文藝復興及巴洛克風格，現在作為總統接待國內外貴賓的地點。每月配合總統府開放時間對外敞開那神祕的大門，把握機會來見識這座浮誇皇宮吧。

　館內有導覽服務，建議跟著導覽員會聽到許多有趣的歷史故事及建築特色，讓原本莊嚴肅穆的台北賓館變得平易近人許多。一樓大廳已是金碧輝煌，加上暈黃的燈光投射，非常富麗堂皇。內部裝飾從天花板泥作、灰泥雕塑到水晶燈飾，無不精美，高級櫸木拼花地板、英國進口的維多利亞磁磚和壁爐，塑造成高貴的迎賓廳房。

走出一樓來到賓館後方，利用灰白磚石建造的拱形回廊高挑優美，賓館四周皆設陽台，飾以雙立柱與拱圈，仿洋人生活習慣兼具通風及悠閒午茶排遣效果。日式庭園裡心字池橫貫其中，周圍滿布植栽，綠意盎然，不遠處有許多黑天鵝鳴叫唱和。湖上小橋倒映流水，庭園內有奏樂堂、涼亭、石橋、石桌、假山、瀑布、石桌、石燈籠等造景，漫步其中，讓人心曠神怡。

走過庭院回到一樓大廳，這時請由左側樓梯走上二樓，片片金箔在白牆的映襯下益顯華貴。牆上雕飾均是工匠一刀一筆細細雕刻而成，圖案多為花草、水果及鳥禽，令人嘆為觀止！

實際走上一趟，讓孩子親眼見識台灣最奢華的巴洛克宮殿，真是收穫滿滿！請注意，館內禁止飲食，也沒有哺育設施及飲水機等，建議先讓小孩吃飽再來參觀比較妥當。

台北賓館

地址	台北市中正區凱達格蘭大道 1 號
電話	02-23482999
開放時間	請上官網查詢
交通	捷運信義淡水線「台大醫院站」1 號出口步行約 10 分鐘
門票	免費

地圖　　官網

停車	台大醫院訪客停車場
年齡	2 歲～成人
參觀時間	1 ～ 2 小時

土銀展示館

雨天ok!

　　土銀展示館前身是日本勸業銀行台北支店，1930 年勸業銀行為因應龐大業務，於台北與台南分別興蓋兩座大型銀行廳舍，採用中美洲馬雅建築風格的折衷現代主義。高挑的梁柱撐起壯麗雄偉的騎樓，石柱與柱頭山牆以假石構成獸面雕飾，並以植物紋樣作裝飾，讓人看見精緻華美之感。

　　來到展廳，首先看見寒武紀大爆發，這裡有三葉蟲、鸚鵡螺及菊石的化石。接著就是主要展廳，一見面就送你一隻張牙舞爪的暴龍，讓小孩興奮地講個不停，明顯可以感受到他們對恐龍的熱情。來到 2 樓，這裡有個 3D 立體區可拍照。走道旁有精美的圖板介紹物種進化、偷蛋龍等資訊，右側則有互動設施可拿筆刷刷化石，望遠鏡則會播放暴龍及雷龍的影片。

　　從二樓離開恐龍展廳，接著來到土銀行史館，這裡介紹土銀近期的歷史及過去的金融器具。三樓則是古蹟修復室，介紹土銀舊總行的修復歷史、修復工法及建築特色。

　　最後回到一樓參觀銀行金庫。整體而言，土銀展示館空間不算大，但是恐龍模型維護的相當不錯，又有餐廳能用餐，相當適合親子同遊。另外，門票只要 30 元可以參觀土銀展示館及臺灣博物館，請務必保管好門票。

土銀展示館

地址	台北市中正區襄陽路 25 號
電話	02-23142699
營業時間	週二～日 9:30 ～ 17:00；週一休
交通	・捷運「台北車站」M5 出口步行約 10 分鐘，或信義淡水線「台大醫院站」4 號出口 ・公車至「博物館（襄陽）」、「博物館（館前）」、「台北車站（公園）」、「捷運台大醫院站」、「衡陽路口」、「二二八和平公園」等站牌
門票	30 元（憑當日門票可同時參觀本館及土銀展示館）
停車	台灣聯通重慶場
年齡	0 歲～成人
參觀時間	1 ～ 2 小時

地圖

官網

哺乳室　尿布台　嬰兒車友善環境

臺灣博物館

雨天ok!

　　臺灣博物館前身是「總督府博物館」，是我國最悠久的博物館，最吸引人的絕對是那仿希臘神殿的建築特色。

　　臺灣博物館內部採羅馬複合柱式結合希臘風格，樸實無華的圓柱加上美麗的雕花，充滿沉穩雄壯氛圍，最上面則是透光的彩繪玻璃窗花，眼前此景讓人彷彿置身歐洲。館內一、二樓的特展不定期更換，可以至官網查詢當期特展規劃行程。

　　三樓「發現台灣」的常設展，則固定陳列台灣原民文化、動植物標本等，許多台灣特有種生物都能激起小孩的興趣。

　　即使臺博館空間不大，但門票只要30 元可以順遊土銀展示館，做為雨天備案，或是夏天來這吹冷氣、遛小孩也是相當划算！

國立臺灣博物館

地圖　　官網

地址	台北市中正區襄陽路 2 號
電話	02-23822566
營業時間	週二～日 9:30 ～ 17:00；週一休
交通	・捷運「台北車站」M5 出口步行約 10 分鐘，或信義淡水線「台大醫院站」4 號出口 ・公車至「博物館（襄陽）」、「博物館（館前）」、「台北車站（公園）」、「捷運台大醫院站」、「衡陽路口」、「二二八和平公園」等站牌
門票	30 元（憑當日門票可同時參觀本館及土銀展示館）

停車	台灣聯通重慶場
年齡	0 歲～成人
參觀時間	1 小時

哺乳室

尿布台

嬰兒車
友善環境

二二八和平公園

戶外景點

　　二二八和平公園腹地超大，除了大片綠地，更規劃中式樓閣、拱橋、露天音樂台及台北二二八紀念館與紀念碑。

　　園區豐富設施適合親子家庭來這踏青放風，早上先到土銀展示館看恐龍，臺博館欣賞台灣最美博物館後，接著到公園盡情放電。兒童遊戲區有磨石子溜滑梯，小孩呼朋引伴玩起鬼抓人遊戲超開心，若是幼兒可以在一旁玩沙或是溜大型塑膠溜滑梯。

　　另一旁則是健身器材與盪鞦韆，周圍的大樹不時會有松鼠跑到地面覓食，讓小孩又是一陣驚呼圍觀。附近是熱鬧的商圈，美食餐廳或小吃應有盡有，超方便的親子景點絕對可以玩上一整天！

二二八和平公園

地址	台北市中正區凱達格蘭大道 3 號
電話	02-23897228（台北二二八紀念館）
開放時間	全天開放
交通	・捷運信義淡水線「台大醫院站」1 號出口 ・公車至「台大醫院」、「博物館」、「衡陽路口」、「二二八和平公園」等站牌
門票	免費

停車	台灣聯通衡陽場、景福停車場
年齡	0 歲～成人　　參觀時間　2 小時

地圖

嬰兒車友善環境

萬華、中正區

西門町購物吃美食

 日藥本舖博物館 P.31

 台北車站

黑熊先生巧克力布朗尼 P.30 ● 西門站

 西本願寺 P.28

剝皮寮歷史街區 P.32 ●

● 鄉土教育中心 P.34

龍山寺站

小南門站

中正紀念堂站

● 和平青草園共融遊戲場 P.36

郵政博物館 P.37 ●

一起同樂古早味童玩

● 萬華故事館
P.41

青年公園 P.41 ●

郵務士大體驗

紀州庵文學森林 P.39 ●

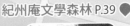

中日懷舊大 PK，原來西門可以這樣玩！

西本願寺 ▶ 黑熊先生巧克力布朗尼 ▶ 日藥本舖博物館

> 西門町為年輕人最愛逛街的景點，新潮流行與古蹟懷舊氛圍，
> 在這裡混搭迸發出樂趣！

西本願寺

戶外景點

　　西門町位於車水馬龍的中華路，有片日式建築西本願寺廣場隔絕了塵囂，讓人彷彿置身日本京都。眼前這片平台之上便是當時本願寺本堂，後來於 1975 年燒毀，只剩下臺座及部分建築。

　　臺座下是台北市立文獻館，裡頭展示台北城的過往歷史文物，另一邊則是樹心會館，不時會有特展。廣場與立於小山丘上的鐘樓，在高樓林立的商圈裡就像城市綠洲，適合小朋友在此跑步、玩耍。

　　沒想到不必走遠就能在繁榮商圈裡踏青、遛小孩。玩累了不妨來到廣場旁的八拾捌茶輪番所，輪番所過去是住持的宿舍，現在由「八拾捌茶」經營。店裡的內側是榻榻米區，外側有個長廊和庭院，猶如走入日劇場景，坐在涼涼的長廊呆呆地望著天空飄過的雲朵，享受這一片靜好時光！

西本願寺

地址	台北市萬華區中華路一段 174 號
電話	02-23120845（八拾捌茶輪番所）
開放時間	全天開放（廣場）
交通	・捷運板南線「西門站」1 號出口步行約 5 分鐘 ・公車至「捷運北門站」步行約 5 分鐘
門票	免費

地圖

停車	應安中華長沙站
年齡	0 歲～成人
參觀時間	1 ～ 2 小時

嬰兒車
友善環境

餐廳推薦

黑熊先生巧克力布朗尼

黑熊先生巧克力布朗尼西門店位於西門紅樓旁，超過 35 種口味的布朗尼，可愛外形絕對是小孩最愛，適合帶上幾個布朗尼邊吃邊逛西門町。若要內用也可以，店內到處都有可愛的黑熊先生身影，牆面還有幅手工繪製西門地圖，營造溫馨可愛的氛圍。

布朗尼小巧一個，銅板價份量小，吃來完全沒有負擔，並且口味眾多，包裝精美，用來送禮也合適。不管是抹茶或草莓，布朗尼上頭那緩緩流淌，卻被時間凍結在最美的時刻，那樣貌太邪惡啦！

再來一杯胖熊棉花糖拿鐵，看著熊熊在咖啡裡像是泡湯般的模樣相當療癒，微甜的棉花糖為咖啡增添一絲甜味，也讓嘴裡多了咀嚼的樂趣！

黑熊先生巧克力布朗尼 西門店

地址	台北市萬華區成都路 10 巷 11 號
電話	02-23113321
營業時間	週日～四 11:00 ～ 21:00、週五～六 11:00 ～ 22:00
交通	捷運板南線「西門站」6 號出口往西門紅樓
低消	任一份布朗尼或餐點飲料，免服務費

地圖　　官網

停車	應安中華長沙站、中山堂
年齡	0 歲～成人
用餐時間	平日沒有限制，假日 1.5 小時

雨天ok!

日藥本舖博物館

雨天ok!

　　日藥本舖是國人耳熟能詳的藥妝店，販售日本原裝進口的藥品、美妝保養、生活用品及特色零食。位於西門町的日藥本舖門市樓上竟然是博物館，整體空間充滿濃厚昭和時期的懷舊氛圍，好逛好買更好拍。

　　來到四樓就是博物館的入口，一旁是龍貓公車站，小孩到這裡就開始暴走了。博物館內部小巧的空間就是完整復刻日本舊時代景色，復古不分國度，是永不退流行的迷人要素。

　　菓子屋、湯屋、美妝舖，以及老舊郵筒、偉士牌機車等都超好拍，懷舊氛圍也讓爸媽們想起兒時的時光。這裡還免費提供浴衣，可以好好妝點自家寶貝，在這美麗場景為孩子們留下珍貴的身影。

　　離開前還能在各樓層大肆採買，媽媽買藥妝、小孩買餅乾，滿載而歸！

日藥本舖博物館

地址	台北市萬華區西寧南路 83 號
電話	02-23110928
開放時間	博物館 14:00 ～ 21:00
交通	捷運板南線「西門站」6 號出口步行約 5 ～ 10 分鐘
門票	免費

地圖　　　官網

停車	便利停車場（獅子林站）
年齡	0 歲～成人
參觀時間	1 小時

老街名寺、文青遊戲場，艋舺親子一日遊

剝皮寮歷史街區 ▶ 鄉土教育中心 ▶ 和平青草園共融遊戲場

> 萬華親子景點主打小巧可愛路線，加上交通便利，親子家庭即使推車來也能輕鬆漫遊！

剝皮寮歷史街區

戶外景點

剝皮寮至今約有兩百多年歷史，最特別的就是同時保留了清代街道的輪廓，以及日治時代的空間改造。曾經因為年久失修而荒廢，後來剝皮寮歷史街區利用空間進行藝文特展、電影推廣，以及文化歷史的宣導教育，讓懷舊與新潮在此匯流交織，成為極具在地特色的人氣景點。

漫步老街，兩側建物採用英式古典風的磚造建築，一樓保留傳統的騎樓空間，屋頂沿用閩南式木構造，中西並存的建築風格，讓這條短短巷弄洋溢濃厚異國風情。後來新建的立面多有騎樓，戶與戶之間以拱圈相隔，優美的弧形線條連綿延長，好有意境！假日不妨帶著小孩來趟文青小旅行。

剝皮寮歷史街區

地址	台北市萬華區康定路 173 巷
電話	02-23023199
開放時間	街區：週二～日 9:00～21:00； 室內：週二～日 9:00～18:00；週一固定休館
交通	・捷運板南線「龍山寺站」1 號或 3 號出口步行約 5 分鐘 ・公車至「龍山寺（西園）」、「龍山寺（康定）」、「老松國小」及「捷運龍山寺」等站牌
門票	免費

地圖　　官網

停車	艋舺公園地下停車場、家樂福桂林店停車場
年齡	0 歲～成人
參觀時間	1 小時

 哺乳室
 尿布台
嬰兒車友善環境

台北市鄉土教育中心

雨天ok!

　　台北市鄉土教育中心免門票，內有剝皮寮的介紹與古早味童玩，加上多為室內展間，不用擔心天氣太熱或下雨，輕鬆看展覽、學歷史、逛老街，適合親子一日遊。

　　館內規劃數個展示主題，首先來到傳統教育展間，這裡主要介紹中國儒家教育的歷史，從一開始的私塾、孔廟到清朝的科舉制度等，圖文並茂的圖板結合小遊戲，增加小朋友學習的趣味。

　　接著來到剝皮寮的歷史展間，這裡介紹剝皮寮的地名由來，以及街屋特色等，有個小小建築師的積木遊戲可以動手玩看看。轉進另一個展間，映入眼簾的是台灣早期的場景，舉凡大同寶寶、黑松蓋子圖案、彈珠汽水等，滿滿回憶瞬間湧上爸媽心頭。來到後方中庭，走廊上擺了好多古早童玩，例如彈珠檯、套環立瓶子、踩高蹺、滾鐵圈等，讓小孩體驗爸媽那年代的玩具，親子間又多了不少的話題交流。

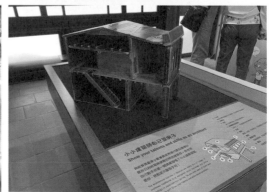

走上階梯，二樓有個野台戲棚子，一旁還有戲偶可以讓遊客自己來場掌中戲，就像小時候廟會謝神時，一群小孩拿著板凳擠在棚子前，觀看當時最酷炫會噴乾冰的布袋戲。展間內則是陳列日治時期學校教育德、智、體、群、美的歷史文物，見識不同時期的台灣教育。

沒想到這裡除了古早味童玩，更多復古場景讓爸媽們拾回那些年，我們一起度過的求學生活，逛得比小孩還開心！

台北市鄉土教育中心

地址	台北市萬華區廣州街 101 號
電話	02-23361704
開放時間	週二～日 9:00～17:00；週一及國定假日休館
交通	・捷運板南線「龍山寺站」1 號或 3 號出口步行約 5 分鐘 ・公車至「龍山寺（西園）」、「龍山寺（康定）」、「老松國小」及「捷運龍山寺」等站牌
門票	免費

地圖　官網

停車	艋舺公園地下停車場、家樂福桂林店停車場
年齡	0 歲～成人　　參觀時間　1 小時

和平青草園共融遊戲場

戶外景點

　　和平青草園鄰近萬華車站及捷運龍山寺站，兒童遊戲區雖然空間不大，但是遊具超有特色。木造攀爬架由木頭及繩網組合而成，間距大加上圓形木架超滑溜，不小心就變成烤乳豬掛在木架上，激發孩子的闖關慾望。

　　龍形擺盪鞦韆多人同樂，樂趣加倍。月亮盪鞦韆讓你瞬間變網美，好玩又好拍。此外還有幼童溜滑梯適合小小孩爬上爬下，成人健身器材讓爸媽陪伴小孩也能自主運動，堪稱全家人的遊樂園。

　　園區內貼心舖上人工草皮，小孩索性脫去鞋子感受有別於柏油路的鬆軟感，也減緩跌倒受傷的可能。遊戲區上方超大片的遮陽棚為人遮去暑意，很貼心的設計。

和平青草園共融遊戲場

地址	台北市萬華艋舺大道及西園路二段交叉口
電話	02-23032451
開放時間	全天開放
交通	捷運板南線「龍山寺站」2 號出口步行約 5 分鐘
門票	免費

地圖

停車	凱達大飯店停車場
年齡	0 歲～成人
參觀時間	1 ～ 2 小時

嬰兒車
友善環境

10 元玩一天，高 CP 值親子遊

郵政博物館 ▶ 紀州庵文學森林 ▶ 萬華故事館 ▶ 青年公園

> 郵政博物館小小郵差送信去、紀州庵文學森林一秒走入日劇場景、
> 萬華親子館與故事館大人小孩同樂，附近還有美食南機場夜市，
> 真的很超值！

郵政博物館

雨天ok!

　一進入郵政博物館，地上就有個 3D 立體畫可以幫小孩拍照，建議由六樓開始逛起。六樓「特展室」除了常態性的展覽外，配合國家慶典、新郵發行及民俗節日舉辦不同主題的特展，例如暑假推出兒童特展，復古童玩可讓爸媽重溫童年回憶；踩鐵罐高蹺、陀螺、尢仔標、彈珠檯等，小孩體驗古早味玩具，題材相當廣泛多變。

　五樓「郵票世界」以拉頁式的展框，展示各國不同主題的郵票，可藉此欣賞其歷史文化、風俗民情，以及各項政經建設，多采多姿，讓人看到眼花撩亂。除了郵票外，片、封、簡也是重要的集郵品，也在這裡一同展出。

　　四樓「兒童郵園」以生動活潑的方式，介紹我國現代郵政的業務及服務。這一個個不同造型的郵政公仔，提醒我們郵政人員不畏艱苦、使命必達的敬業精神。即使你住在海角七號，辛苦的郵差也能將信件如期送達。

　　三樓「郵政歷史」以「郵遞」為主軸，從古至今，依序規劃「古代郵驛」、「現代郵政」、「軍郵」及「郵遞之旅」等展區。這裡有個手繪明信片小遊戲，可以畫一張明信片寄給自己。

　　二樓「重溫經典」集結館藏精華，展出許多「第一套」發行的郵票。最好玩的「郵務士送信」，小孩可騎著腳踏車在三種限時模式裡扮演郵差送信，過程中會配合情境噴水或刮風，超好玩的4D體驗！「我是郵票設計師」則是讓小朋友自行設計郵票，留下難忘的有趣回憶。

郵政博物館

地址	台北市中正區重慶南路二段 45 號
電話	02-23945185
營業時間	週二～日 9:00 ～ 17:00；週一休
交通	・捷運信義淡水線「中正紀念堂站」2 號出口步行約 5 分鐘
	・公車至「建國中學」、「牯嶺街小劇場」、「南昌路」、「財政大樓」、「中正二分局」或「南門市場」等站牌
門票	全票 10 元

地圖　　官網

停車	仰德大樓停車場
年齡	0 歲～成人
參觀時間	1 ～ 2 小時

哺乳室　尿布台　嬰兒車友善環境

紀州庵文學森林

雨天ok!

1917 ～ 1928 年，日本平松家族在新店溪畔興建「紀州庵支店」，包括本館、離屋與別館，是當時相當知名的高級料理屋。本館樓高三層，地面層為鋼筋水泥造、二樓與三樓為木造，二樓是主要出入的門面，以水泥橋連接堤防頂，為主要的迎賓通道，整個建築物突出在河岸的堤防上，有兩層高，從本館的三樓眺望，將整個河岸水景盡收眼底。

光復後，紀州庵作為省府員工宿舍，後來在 1996 和 1998 年的兩場大火中被燒毀殆盡，僅剩下殘存的離屋。屋內擺放著當時紀州庵的文物，紀錄曾有過的輝煌歲月。紀州庵裡，我最喜愛那寬敞又幽長的走廊，坐在廊下，看著眼前的盎然綠意，享受微風輕拂，度過悠閒的午後時光。

地板榻榻米的設計，則是我家小孩的最愛。外頭綠地可奔跑，或是走上一旁陸橋，能俯瞰川遊不息的車流，以及河岸風光。若是肚子餓了就到對面新館，這裡有餐廳、書店及展覽室，全家人一同沉浸於不被打擾的書香世界。

若你想找個安靜獨處的角落，或是喜愛日式老屋的朋友，不妨來到紀州庵細細品味文學，享受藝術。

紀州庵文學森林

地址	台北市中正區同安街 107 號
電話	02-23687577
開放時間	古蹟：週二～日 10:00 ～ 18:00、週五 10:00 ～ 21:00
	新館：週二～四、週日 10:00 ～ 18:00；週五、六 10:00 ～ 21:00
	茶館：週二～四、週日 10:30 ～ 18:00；週五、六 10:30 ～ 21:00
交通	・捷運新店線「古亭站」2 號出口步行約 10 分鐘
	・公車至「強恕中學站」或「河堤國小站」步行約 5 分鐘
門票	免費

地圖

停車	同安街平面停車場
年齡	6 歲～成人
參觀時間	1 ～ 2 小時

青年公園

戶外景點

　　青年公園是台北市第四大公園，園區規劃許多休閒設施與景觀步道，讓市民朋友在城市裡就能投身大自然的懷抱。還有萬華親子館，空間寬敞遊具多，家有幼兒的爸媽記得上網預約就可輕鬆玩一整個下午。

　　接著來到親子館旁的萬華故事館，裡頭主要展示萬華當地的歷史，不時推出親子特展，例如市場攤位扮演遊戲，小孩可以體驗逛市場買菜、買魚、買飲料。另外，還有親子閱讀區，在小巧的空間裡共度親子時光。

萬華故事館

地址	台北市萬華區水源路 199 號
電話	02-23032451
開放時間	週二～四、週日 9:00～17:00； 週五、六 9:00～16:00；週一休
交通	公車 12、24、212、223、249、250、253、630、673 至「青年公園站」
門票	免費

地圖　　　　FB

停車	青年公園高爾夫球場地下停車場
年齡	0 歲～成人
參觀時間	1 小時

嬰兒車友善環境　雨天ok!

　　逛完萬華故事館，還有兩座親子公園等著你玩。靠近國興路與青年路交叉口的園區有座火車造型溜滑梯，色彩鮮豔體積龐大，可供許多小孩開心攀爬。另外還有搖搖馬、火車站造景區及盪鞦韆，刺激程度不高，適合幼童使用。

　　靠近青年路與水源路園區則是太空堡壘溜滑梯遊戲場，一座座鮮豔色彩、外型可愛的堡壘，頓時成了小朋友爭奪的要塞，抵抗外星人的攻擊。飛碟溜滑梯霸氣十足地落在遊戲區正中央，向外延伸的5座滑道，彷彿歡迎小孩搭乘飛碟航向宇宙。來到飛碟內部，裡面牆上圖繪星空，滿足宇宙探險慾望。溜滑梯外，有攀爬網可直接登上飛碟，大沙坑旁就有沖洗設備，玩到髒兮兮也不怕！

青年公園太空堡壘溜滑梯

地址	台北市萬華區青年路 194 號
開放時間	全天開放
交通	公車 12、24、212、223、249、250、253、630、673 至「青年公園站」
門票	免費

地圖

停車	青年公園高爾夫球場地下停車場
年齡	0 歲～成人
參觀時間	1 ～ 2 小時

嬰兒車
友善環境

到迪化街看偶戲

大橋頭站

● 迪化207博物館 P.51

雙連站

來場格列佛歷險記

松江南京站

● 迪化207博物館 P.51

大稻埕碼頭
P.52

● 大稻埕戲苑 P.49

北門站

袖珍博物館 P.44

華山大草原遊戲場
P.48

善導寺站

台大醫院站

● Y17飛輪世界
P.46

小人國、室內運動場、煙囪公園，放電去

袖珍博物館 ▶ Y17 飛輪世界 ▶ 華山大草原遊戲場

袖珍博物館滿足喜愛扮家家酒的小孩、來 Y17 飛輪世界享受御風飛行的快感，若不過癮，再到華山大草原遊戲場放電一整天！

袖珍博物館

位於台北市中山區的袖珍博物館，是亞洲第一座專門收藏袖珍藝術品的主題博物館，館內近 200 多件的袖珍模型，每一件都是栩栩如生，包含歐式城堡、宮殿、恐龍、童話故事或自然風景，細緻寫實程度讓人驚艷。

每個作品前設有台階方便小朋友觀看，只見他們興奮地在櫥窗前比手畫腳，臉上盡是開心表情。例如這格列佛歷險記，不就像是我們置身小人國，小孩可體驗到自己被放大數倍的奇妙滋味；各式風格的洋房、城堡、宮殿，與穿著當時服裝的人物，讓我們看見不同國家的人文風情，不用出國就能環遊世界。

充滿幻想的主題則有堆滿房間的玩具屋，這是小孩心目中的完美世界。又或是恐龍與人類和平相處的平行宇宙，還能看見因為送禮物給全世界小孩的耶誕老公公，在家打瞌睡的有趣模樣，都激發無限的想像力。

袖珍博物館

地址	台北市中山區建國北路一段 96 號 B1
電話	02-25150583
營業時間	10:00 ～ 18:00；週一休
交通	・捷運新莊線「松江南京站」4 號或 5 號出口步行約 8 分鐘 ・公車至「南京建國路口」、「中山女高」或「南京松江路口」等站牌

地圖　官網

門票	成人	13 ～ 18 歲	6 ～ 12 歲
	200 元	160 元	120 元

停車	建國北路高架橋下停車場 B 區、建國南路高架橋下停車 C 區
年齡	5 歲～成人
參觀時間	1 小時

Y17 飛輪世界

　　當初找到 Y17 飛輪世界，是因為女兒升上小學一年級沒有搶到學校的直排輪社團，只好來這裡彌補她的失落感，卻意外發現 Y17 收費便宜又是室內場所，值得推薦造訪。

　　飛輪世界一天共有三個時段，建議下午（13:30 ～ 17:00）較好規劃行程，假日睡飽吃飽後，抱著愉悅心情出門。每個時段的入場費為 6 歲以上小孩 70 元、成人 150 元，器材租借費用不分大人小孩通通只要 50 元，就包含直排輪、安全帽及全套護具，換算下來只要 120 元，就能讓小孩不停歇地玩上 3 小時，又有冷氣不受氣候影響，一年四季都能來玩。

　　初次體驗會有教練指導，先在入口旁的新手村練習站立、摔倒及滑行姿勢後，摔個幾次大概可以掌握箇中奧妙，接著就能邁開勇敢步伐享受逐風的快感。整體環境相當舒適，現場有許多座位可休息，大人小孩都能找到趣味。

Y17 飛輪世界

地址	台北市中正區仁愛路 1 段 17 號
電話	02-23514078
營業時間	9:00 ～ 12:00、13:30 ～ 17:00、18:00 ～ 21:00
交通	・捷運信義淡水線「台大醫院站」2 號出口步行約 12 分鐘；板南線「善導寺站」2 號出口步行約 10 分鐘 ・公車至「仁愛林森路口站」步行約 5 分鐘

門票	全票	優待票（6 歲以上）
	150 元	70 元

器材租借	直排輪鞋	護具（含安全帽）
	30 元	20 元

※ 建議自備襪子

停車	北市青少年發展處地下停車場
年齡	3 歲～成人
參觀時間	3 ～ 4 小時

 哺乳室　 尿布台　 嬰兒車友善環境

華山大草原遊戲場

戶外景點

　　華山文創園區結合共融遊戲場，是假日野餐的好去處，熱門設施有煙囪遊戲塔、飛天鞦韆、溜索、水沙世界等。超受小孩歡迎的溜索，分為單點支撐及座椅式兩種，後者適用於嬰幼兒或行動不便的孩童，讓不同需求的小朋友能夠同樂，共融於這座友善的親子遊戲區。

　　園區內磨石子大坡面溜滑梯有寬面和窄細兩種，看似不長，可是溜下來的速度頗快，很刺激，小心手不要去撐，避免擦傷。另一個重點遊具就是煙囪造型溜滑梯，兩座高低不同的遊戲塔，讓小朋友可以在裡頭恣意地探索，滿足他們對秘密基地的渴望。

　　沙坑裡有兩座看起來像是蛋捲冰淇淋的雕塑，頂端會有水流出，沿著坡道往下流，讓小孩修築渠道、挖水坑，將玩沙帶到立體空間感的訓練，還不用反覆提水更好玩，且玩沙通常很容易和其他小朋友合作，可訓練社交能力。難怪越來越多的家庭在假日來到這裡，輕鬆就能放生小孩的好去處！

華山大草原遊戲場

地址	台北市中正區北平東路 30-1 號對面
開放時間	全天開放
交通	捷運板南線「善導寺站」6 號出口步行約 8 分鐘
門票	免費

地圖

停車	希望廣場停車場、市民大道停車場（林森 - 金山）
年齡	0 歲～成人
參觀時間	2 ～ 3 小時

嬰兒車
友善環境

華美老街、落日碼頭，台北半日遊好去處

大稻埕戲苑 ▶ 迪化 207 博物館 ▶ 大稻埕碼頭

迪化街擁有全台最美老街稱號，博物館、美食以及香火鼎盛的霞海城隍廟，好吃好玩又好買，假日可以睡到飽，下午時光就來迪化街半日遊吧。

大稻埕戲苑

雨天ok!

大稻埕戲苑坐落於永樂市場，前身是一座花園，於日治時期改建為市場，曾經聚集近千家布行，為全台最大的布料中心。繁榮景象吸引各地藝文人才來到這裡，帶動大量戲劇、歌曲崛起。1920 年代，大型華麗的淡水戲館、永樂座等戲院陸續開幕，影視實力擴散全台，讓這裡成為當代歌曲及傳統戲曲的孕育搖籃。

大稻埕戲苑成立於 2010 年，以演出、推廣、保存傳統戲曲為宗旨。一樓牆面結合發光裝置藝術，融合市場建築外觀線條及偶戲元素，簡單卻意境深遠。

遊客可直接來到 8 樓的常設展，在走廊的兩側以「三大偶戲，指掌乾坤」為主題，呈現布袋戲、傀儡戲和皮影戲的發展起源及特色，陳列戲偶及珍貴照片超過 500 件。前半部，主要陳列較為一般人熟知的劇曲戲偶，例如中國史上最知名的小三爭奪戰之貂蟬戲弄董大爺，呂布氣噗噗怒上眉梢。

　　接著就是三大偶戲的主要展示區，包含布袋戲、傀儡戲和皮影戲，共通點就是透過演師的雙手來操弄。戲偶可分為生、旦、淨、末、丑、雜等，主要角色出場時會有口白唱唸及文武場配樂。

　　傀儡戲是中國歷史極早出現的娛樂偶戲。演出大多屬於宗教禮俗，注重壓煞驅邪或祈福酬神等儀式，相較其他偶戲更有神秘肅穆的氣氛。皮影戲則是在小小的平面影窗中，光影映照出戲偶各種樣態，透過操桿、配樂、和聲，在方寸天地間演繹人生百態。

大稻埕戲苑

地址	台北市大同區迪化街一段 21 號 8、9 樓
電話	02-25569101
開放時間	週二～日 9:00 ～ 17:00；週一休
交通	・捷運新店松山線「北門站」3 號出口步行約 10 分鐘 ・公車 46、282、288、306、622、636 至「圓環」步行約 15 分鐘；206、民生幹線至「南京西路口」步行約 10 分鐘
門票	免費參觀

地圖

FB

停車	永樂大樓地下停車場、大稻埕公園停車場、塔城公園停車場、市民大道停車場、朝陽公園停車場
年齡	0 歲～成人
參觀時間	1 小時

哺乳室　　尿布台　　嬰兒車友善環境

迪化 207 博物館

雨天ok!

　　迪化 207 博物館靠近捷運「大橋頭站」，位於迪化街末端，沒有永樂市場的熱鬧歡騰，取而代之的是老街原有的靜謐。三層樓的博物館位於巷弄轉角處，具有簡潔線條的現代主義特色，大面積的開窗設計，搭配彩色瓷磚外牆，在鄰近多屬仿巴洛克風格外觀的街屋群裡，更顯獨特！

　　迪化 207 博物館前身為「廣和堂藥舖」，曾是見證迪化街輝煌中藥史的一員。館內以磨石子為主要建材，隨處可見富有時代感的台灣工藝之美。如今，這樣細緻的常民建築化身成為小型博物館，透過特展，向世人展現老屋之美！

　　館內不時推出特展，例如我造訪時正值夏天，便展出食涼特展，介紹小時候的叭噗冰淇淋、古早味消暑聖品等，二樓的後方有個休息區，桌上有自助式的點心和咖啡，坐在大片落地窗前，欣賞老街風情也是愜意的享受。三樓開放遊客由高處眺望大稻埕街景，老屋在附近高樓環繞下更顯獨特，新舊建築和諧並存。

迪化 207 博物館

地址	台北市大同區迪化街一段 207 號
電話	02-25573680
開放時間	週一～五 10:00 ～ 17:00、週六日及假日 10:00 ～ 17:30；週二休
交通	・捷運中和新莊線「大橋頭站」1 號出口步行約 10 分鐘 ・公車至「涼州重慶路口」或「保安街口」等站牌
門票	免費
停車	大稻埕公園地下停車場、台北大橋橋下停車場、永樂大樓地下停車場、朝陽公園地下停車場
年齡	4 歲～成人　　參觀時間　1 小時

 地圖

 官網

 哺乳室

 尿布台

大稻埕碼頭

戶外景點

　　大稻埕的發展歷史由大稻埕碼頭興起，淡水開港通商，外商洋行紛紛到此開設商號，促成大稻埕往後的繁華。夕陽時分來到這裡，眼前的淡水河波光粼粼，倒映著夕陽餘暉，輕柔的河岸為生硬的高樓大廈增添不少優美線條。

　　河岸旁，單車騎士迎風馳騁，享受微風拂面的快感；憑欄處，一根根的腳架林立，攝影愛好者全神貫注凝視天邊彩霞，期盼著來場火燒雲大景。階梯上，戀人相伴，沉浸在浪漫的兩人世界；廣場前，親子玩耍嬉鬧，一會抓著錨、一會要當船長，在追逐跑跳中寫下甜蜜的人生記錄。

　　每年七夕，大稻埕碼頭舉辦的煙火節更是吸引大批遊客，看那一朵朵在夜空綻放的花火，落在情人的眼裡化成千絲萬縷的深深情意，陪伴大家度過浪漫夜晚。

大稻埕碼頭

地址	台北市大同區民生西路
開放時間	全天開放
交通	・捷運信義淡水線「雙連站」1 號或 2 號出口步行約 15 分鐘； 　或新店松山線「北門站」3 號出口步行約 20 分鐘 ・公車至「大稻埕碼頭」或「民生西路口」（大稻埕碼頭）等站牌
門票	免費

地圖

停車	大稻埕公園地下停車場、五號水門堤外停車場
年齡	0 歲～成人　　　參觀時間　1～2 小時

嬰兒車
友善環境

信義、南港區

體驗虛擬銀行學理財

登高 101 遠眺台北城

特色親子公園玩整天

中油石油探索館

南港軟體園區站

中信金融園區 P.65

南港展覽館站

台北探索館

新新公園 P.60

昆陽站

後山埤站

玉成公園 P.62

市政府站

南港公園 P.63

中油石油探索館
P.56

歷史文物陳列館 P.67

台北探索館
P.54

台北101觀景台
P.57

世貿站

象山公園
P.59

山水綠生態公園兒童遊戲場 P.69

101 觀景台

象山公園

探索台北挖石油，信義商圈新玩法

台北探索館 ▶ 中油石油探索館 ▶ 台北 101 觀景台 ▶ 象山公園

> 台北探索館讓你走讀台北城歷史、中油石油探索館超豐富互動設施、登上 101 觀景台擁覽台北之美，最後象山公園小孩放電去，信義商圈好好玩～

台北探索館

雨天ok!

台北探索館位於台北市政府，挑高的中庭、良好的採光、氣派恢弘的環境，又有飲水機、親子廁所，可說是親子友善空間，適合帶小孩來這裡跑跳。建議由四樓開始逛，首推「發現劇場」空間約 200 坪，正中央上方的 360 度環形螢幕，搭配旋轉平台，當影片投射在螢幕上，平台也隨之轉動，具未來感的全新視覺空間，可隨著影片裡的主角穿梭台北街頭，以不同國家的遊客視野重新認識這座美麗的台北。

離開劇場，回到四樓的時空對話廳，彷彿走過時光隧道回到舊時台北城。四周以過往的古城門圍繞，勾勒出昔日台北城的內外風景。另一邊的城外常民生活描述 18 世紀，號稱「一府二鹿三艋舺」的艋舺盛景。

三樓城市探索廳則是現代台北，介紹台北不同區域的生活型態，展區中可觀賞各式建築物的模型、影片、多媒體互動裝置，最好玩莫過於伸開雙手搭熱氣球找尋台北地標。

二樓不定期更換主題，例如造訪當天適逢黃阿瑪的合作特展，沒想到可愛療癒的貓咪，陪你走入 1920 年日治時期的台北街頭，從學校到街頭，完全沒有違和感。市政府原來這麼好玩，若是下雨天不知道去哪玩，就來探索館吧。

台北探索館

地址	台北市信義區市府路 1 號一～四樓
電話	02-27208889
開放時間	週二～日 9:00 ～ 17:00；週一及國定假日休
交通	・捷運板南線「市政府站」2 號出口步行約 3 分鐘；或信義淡水線「台北 101 站」、「世貿站」5 號出口步行約 5 分鐘
	・公車 20、202、266、266（區間）、270（區間車）、28、311、537、629（直達車）、647、912、915、棕 15、棕 6、棕 7、綠 1 至「市政府站」
門票	免費

地圖

官網

停車	府前廣場地下停車場
年齡	0 歲～成人
參觀時間	1 ～ 2 小時

哺乳室　尿布台　嬰兒車友善環境

中油石油探索館

雨天ok!

　　中油石油探索館位於熱鬧的信義商圈，占地 400 坪，一樓這裡可讓小孩戴上工作帽及穿上制服，化身為中油工程師。館內以靜態的圖文及動態的互動遊戲，向遊客展示石油的相關知識，大小朋友都能輕鬆學習。例如地球物理測勘，教你透過震波找到蘊藏在地底的石油；極具科幻感的駕駛艙，透過搖桿及按鈕還可變換挖掘石油的工具，滿足小孩嚮往駕駛太空船的冒險願望。

　　來到二樓，這裡介紹如何運用石油打造出一座現代化城市，從生活起居到食衣住行，小孩還可以無照開車、逛菜市場爆買零食、煮菜等。寓教於樂的室內景點，適合年齡層從 1 歲到國小學童，爸媽們不要錯過了！

中油石油探索館

地址	台北市信義區松仁路 3 號 1 樓（中油大樓）
電話	02-87259761 或 02-87259760
開放時間	週一～五 9:00～17:00；週六日及國定假日休
交通	捷運板南線「市政府站」3 號出口步行約 5 分鐘
門票	免費

地圖　　官網

停車	中油大樓停車場
年齡	0 歲～成人
參觀時間	2 小時

哺乳室

尿布台

台北 101 觀景台

雨天ok!

　　台北 101 是台北，更是台灣最知名的建築物，除了每年的跨年煙火，更好玩的其實是登上內部高樓遠眺台北市，讓你一眼就愛上這座迷人的城市！

　　建議下午 4 點過後入場，進入後不限時，可以一次欣賞浪漫落日與繽紛夜景。排隊區規劃超寬螢幕，搭配互動遊戲，遊客排隊時不會感到無聊，牆上也利用可愛圖版介紹台灣各地景點與美食，藉此認識美麗寶島。

　　接著搭乘曾有世界最快稱號的電梯，僅花 37 秒就從 5 樓抵達 89 樓，電梯天花板以浩瀚星空妝點，滿足小孩搭乘火箭飛向宇宙的幻想。平常仰望的 101，如今站在觀景台俯瞰台北街頭，街上汽車和建築彷彿成了可愛的積木模型。遠處淡水河輕柔地劃過城市，為生硬的高樓大廈增添浪漫的氛圍。不時起降的飛機帶領國內外旅客造訪台北，為他們留下美好旅行的回憶。

　　記得幫孩子帶些零食，等待夕陽西下時可以吃些東西或是逛逛最高的酒吧、冰品及伴手禮店，更別錯過與阻尼器來張合影！

台北 101 觀景台

地址	台北市信義區信義路五段 7 號 89 樓
電話	02-81018800
開放時間	週一～五 11:00 ～ 21:00；週六日 10:00 ～ 21:00
交通	・捷運信義淡水線「台北 101 站」4 號出口即達，或板南線「市政府站」2 號出口步行約 10 分鐘
	・公車經「市府站」、「世貿站」、「信義行政中心」、「君悅飯店」等路線，均可抵達「台北 101 站」
門票	全票 300 元

地圖　官網

停車	台北 101 停車場、信義廣場地下停車場
年齡	0 歲～成人
參觀時間	2 ～ 3 小時

哺乳室　尿布台　嬰兒車租借　嬰兒車友善環境

戶外景點

象山公園

　象山公園兒童遊戲場以台北樹蛙融入遊具主題，打造樹蛙溜滑梯、繩網、搖搖盤及盪鞦韆等，附近更有綠地、溜冰場、籃球場，全家大小都能在這裡找到樂趣。以樹蛙為主題的溜滑梯是公園內最顯眼的目標，也是小孩首先攻佔的對象，藍、綠、黃、橘的繽紛地面，更舖上防滑的 PU 跑道，可以盡情玩樂！

　彩色山坡上有兩條磨石子溜滑梯，滑行速度頗快，很刺激。側面則是攀岩牆，國小學童挑戰衝刺上坡；小小孩則窩在水管秘密基地裡，和爸媽玩起捉迷藏。另一邊的繩網有些難度，一旦踩踏上去就會不停搖晃，越多人玩則晃得更嚴重，加上得爬上爬下，較適合國小學童使用。

　公園裡的鞦韆種類不少，有一般型、尿布型及 T 字共乘型親子鞦韆，小孩們不用排太久。對爸媽最重要的，就是休息區竟然還有 USB 充電座，滑手機之餘記得抬頭看看孩子們的狀況，可別玩得太入迷呀。

象山公園

地址	台北市信義區信義路五段 150 巷
開放時間	全天開放
交通	・捷運信義淡水線「象山站」2 號出口步行約 3 分鐘 ・公車 20、207、46、612、88、信義幹線及藍 10 等至「捷運象山站」
門票	免費

地圖

停車	三張里地下停車場或環球世貿大樓停車場
年齡	0 歲～成人
參觀時間	2 ～ 3 小時

嬰兒車
友善環境

森林、親水、濕地，南港親子公園超進化

新新公園 ▶ 玉成公園 ▶ 南港公園

> 從台北吹起共融遊戲場的風潮席捲全台，讓爸媽不用走遠，甚至搭捷運就在市區裡找到遛小孩的地方，免費又好玩，真的是親子家庭的救贖之地！

新新公園

　　新新公園佔地約 2.5 公頃，以城市溼地為主題，有著其他公園少見的水岸環境與植栽。左擁松山車站商圈，右抱南港車站，交通便利，還能遠眺台北 101，不管是日出、夕陽，或是每年必看的台北 101 跨年煙火，這裡都是不錯的欣賞地點。

　　公園內的濕地規劃一座座小巧的浮島，可作為鳥類棲息地，收納雨水，同時增加植被提供城市綠意，或許未來就能在市中心看見鳥兒自在飛翔的豐富生態。浮島間利用水上景觀棧道串連，雖然沒有玩水設施，但造型優雅的木棧道，如同一抹美麗的弧線帶領我們漫步水面，也是另一種親水的遊憩方式。

　　走上小山丘，觀景亭廊周圍的綠意彷彿拉開一道縱深，隔開與城市的距離與喧囂，讓人在此沉澱思緒，大口呼吸，好不暢快！眼前的台北 101，在這樣的距離，看來份外可愛，不管是晨昏時分、細雨紛飛或湛藍晴空，任何時候來都能看見不同風情。

　　此外，這裡最讓我驚艷就屬落羽松水上平台，一想到秋冬之際，園區內的落羽松由金黃轉為艷紅，那景色是何等浪漫美麗，這公園的生態也太豐富了吧。

　　公園也規劃兒童遊戲場及完善的平坦步道，可以輕鬆推著娃娃車走上斜坡，沿途會先後看到平衡木、走繩，以及體適能器材。溜滑梯中間規劃攀爬區，但高度不高，適合小小孩挑戰。整體來說，新新公園的遊具以安全為導向，可以放心遊玩。

新新公園

地址	台北市南港區南港路三段 47 巷與昆陽街 60 巷交叉口
開放時間	全天開放
交通	捷運板南線「昆陽站」2 號出口步行約 10 分鐘
門票	免費

地圖

停車	新新公園平面停車場
年齡	0 歲～成人
參觀時間	1 ～ 2 小時

嬰兒車
友善環境

玉成公園

來到公園第一眼就看見這隻可愛的大藍鯨溜滑梯，分為水管溜滑梯及彎曲溜滑梯，長度不長，適合小小孩使用，地板採用彈性安全材質，減少小孩受傷的機會。

公園前半部是玩水及玩沙樂園，總共有兩組噴水環，夏季開放每次約持續噴水十分鐘，不同角度的水柱齊射猶如 SPA 按摩。

這裡還有小孩們需相互合作遊玩的水道桌，可以旋轉螺旋槳，將水池的水汲取引入螺旋凹槽，再將水流導至一旁水桌的水道。長長的水桌有高低落差，可以在這裡玩水，還可觀察水的形態，彷彿科教館內的實驗遊具，寓教於樂，是園區內的大人氣設施。

公園後段是刺激的探索世界，由走繩、繩網組合而成的挑戰關卡，訓練大小孩的手腳協調能力，中間還有障礙軟墊得跨越，加上其他小朋友的重量，使得走繩不斷搖晃，增加難度。另外有個滑輪擺盪，站在滑輪上面左右擺動很有趣，但滑輪超重，不要用手去推，撞到一定瘀青流血。

玉成公園

地址	台北市南港區中坡南路 55 號
開放時間	全天開放
交通	・捷運板南線「後山埤站」2 號出口步行約 8 分鐘 ・公車 257、207 或信義幹線（原 588）至「玉成公園站」
門票	免費

地圖

停車	玉成公園地下收費停車場
年齡	0 歲～成人　　參觀時間　2～3 小時

嬰兒車
友善環境

南港公園

戶外景點

　　南港公園兒童遊戲場在四周的綠意包圍下，彷彿置身歐洲森林，讓小孩化身可愛松鼠、飛鳥或甲蟲，展開一場刺激的冒險。遊具豐富，幾乎彙集台北親子公園裡最熱門的遊樂設施。

松鼠攀爬

是兩顆樹果造型的小木屋，可作為小孩的秘密基地，但是得靠攀繩才能上去，挑戰其抓握能力。樹果中間是繩網，可以像隻松鼠般的來回鑽動，或是玩起壁壘分明的城堡遊戲。一旁的金屬溜滑梯高度看來頗陡，但其實滑行速度不快，底下是木屑舖面，減少受傷的機會。

飛鳥溜索

由於地形有著高低差，長度又長，玩起來相當刺激。分為安全座椅，以及可以站或坐兩種，滿足不同年紀的小孩

地鼠秘密基地

是公園內佔地最大的設施，特別作為兩層式的架構，上層是天網，走起來有種驚險的感覺，順便訓練平衡感，一旁設置木棧道以及溜滑梯，小孩就像地鼠一樣到處跑，還可溜到下層的沙坑區，在自己的小窩裡抬頭看見的世界，就像是地底動物的視野，太有趣了。沙坑還附設挖土機、水管及沙桌。

小甲蟲遊戲場

旋轉攀爬架上面掛滿許多小孩，是否就像甲蟲停留在樹葉上，使用時請多加留意，爬高加上旋轉容易有狀況發生。

南港公園

地址	台北市南港區東新街 170 號
開放時間	全天開放
交通	• 捷運板南線「後山埤站」或「昆陽站」步行約 10 分鐘
	• 公車 257、32 至「南港公園站」
門票	免費

地圖

停車	南港公園平面停車場
年齡	0 歲～成人
參觀時間	2 ～ 3 小時

嬰兒車
友善環境

化身飛車業務員，親子 Fun 假趣

中信金融園區 ▶ 歷史文物陳列館 ▶ 山水綠生態公園兒童遊戲場

> 到中信金融園區角色扮演、歷史文物陳列館益智遊戲越玩越聰明、
> 山水綠兒童遊戲場超大綠地盡情奔跑，南港好玩景點真不少。

中信金融園區

雨天ok!

　　中信金融園區佔地超過九千坪，三棟建物齊聚，多家美食餐廳與商店街，適合來此用餐、逛街。此外，戶外園區常變身為親子活動場域，例如夏天戲水池，冬天滑冰場，更結合公益活動設置不同主題的拍照打卡造景，免費開放。

　　外頭好玩，建物裡面更有趣，一樓大廳數個挑高螢幕營造瀑布流水，鮮豔瑰麗色彩彷彿置身奇幻世界，花朵隨風搖曳，揚起點點亮光，不時還有動物出沒。腳下踩的螢幕化身深潭湖泊，魚兒悠遊其中，水面更會隨著腳步泛起漣漪，吸引小孩在此圍觀佇足。

　　接著來到文薈館，入口處的透明地板下方是台北的縮影，小小孩踩在上面覺得又好奇又好玩。再往裡頭就是全館最有趣的「行動速克達」，這裡擺了好幾台偉士牌機車供騎乘。螢幕裡的互動遊戲透過按喇叭、催油門進行挑戰，趣味十足，讓小朋友合法騎乘機車兜風去。

最後來到創新遊戲區，最吸引爸媽目光的就是這千萬現金與黃金，遊客可免費拿起來感受重量。而小孩最愛的則是後方這幾台「VTM 金融遊戲機」，四種小遊戲如撈金魚、淘金雲霄飛車、餐廳及商店消費，可從遊戲中學習理財知識，吸收多少不知道，但絕對新奇好玩。

一旁類似太空艙的座位提供 VR 眼鏡，戴上後讓遊客走進虛擬銀行，體驗高科技的服務，提前感受未來生活。如此豐富的設施，大人小孩玩得不亦樂乎，適合作為雨天備案的好去處。

中信金融園區

地址	台北市南港區經貿二路 186-1 號
電話	02-3327-7777 分機 1099
營業時間	11:00 ～ 17:30；週一休
交通	・捷運板南線「南港展覽館站」或文湖線「南港軟體園區站」 ・公車至「南港軟體園區北站」或「捷運南港軟體園區站」
門票	免費

停車	中信金融園區站停車場、嘟嘟房南港經貿 C4 站
年齡	0 歲～成人
參觀時間	2 ～ 3 小時

 哺乳室（B 棟 2F）　 尿布台　 嬰兒車友善環境

歷史文物陳列館

雨天ok!

　　台北朋友們多半聽過中研院，但很少人知道中研院內隱藏一處有著豐富文物館藏的「歷史文物陳列館」。這裡沒有喧鬧，只有你與古代文物一對一相互凝視的慢時光。館內空間由一樓的「考古空間」及二樓的「歷史空間」所構成，走入展館就能看見這台商王武丁的馬車，好像搭乘哆啦A夢的時光機，走訪不同時期的歷史文化。

　　來到二樓，這裡主要為常設展，介紹古代錢幣、瓷片等文物，以及台灣遺址文物。二樓角落有一區拓片DIY區，遊客可將紙覆蓋在刻有拓片內容的模型，再用蠟筆描繪就能將圖案拓印在紙上，成為孩子們珍惜的寶物。

　　回到一樓，這裡展出甲骨特展，古人利用動物體態構形刻劃出文字及圖畫，包含傳說神獸、真實動物等，在甲骨上勾勒著古代人類世界與天地萬物的互動概念。另一邊是墓葬的出土器物，例如銅器製作的禮器、樂器、兵器、車馬器、工具等。這一個個玻璃櫥窗加上燈光投映，好像在百貨公司精品專櫃看歷史古物，頗有幾分衝突趣味。

　　雖然歷史文物陳列館空間不大，卻能用更緩慢的步調欣賞文物，並規劃兩處兒童益智遊戲區，小孩可動手體驗文物之美，不必受限於學校課本，藉由展覽讓歷史不僅是文字，而是可以互動的遊戲體驗，變得更生動有趣。

歷史文物陳列館

地址	台北市南港區研究院路二段 130 號
電話	02-26523180
開放時間	每週三及週六日 9:30 ～ 16:30；其餘休館
交通	捷運板南線「南港展覽館站」5 號出口轉乘公車 205、306、620、645 副、小 1、小 12（含區間）至「中研院站」
門票	免費

地圖　官網

停車	中研院內有停車格
年齡	5 歲～成人
參觀時間	1 ～ 2 小時

嬰兒車友善環境

山水綠生態公園兒童遊戲場

戶外景點

　　山水綠生態公園前身是山豬窟垃圾衛生掩埋場，經過整修後變成面積達 21 公頃的公園綠地。由於地勢高，白天可以遠眺南港市區及內湖山區，夜間能欣賞國道 3 號及 5 號的車流夜景。

　　遊具主要是雙道溜索、單點鞦韆、長型彈跳床、造型溜滑梯及沙坑，相較其他親子公園遊具偏少，建議自備滑板車、球類或飛盤等更能玩得盡興。其中溜索長度長，滑行速度快，最受小孩喜愛。彈跳床則可多人同樂，鞦韆能 360 度旋轉。

　　下方的眺望天廊，是將原本的資源回收站改為展示中心，種植攀藤依附在建物上，外觀看起來就像是綠意盎然的天空廊道。曾經作為資源回收的分類槽改建為溜滑梯，長度短，下方就是沙坑，適合幼兒遊玩。雖然遊具不多，但是整片綠油油草皮給人放鬆的療癒感，超舒適。加上腹地大，好停車，又有遮蔭或躲雨的地方，值得推薦！

山水綠生態公園兒童遊戲場

地址	台北市南港區南深路 37 號
電話	02-26514865
開放時間	冬季 6:00 ～ 20:00、夏季延長至 21:00
交通	捷運文湖線「木柵站」或「南港展覽館站」轉乘公車 679 至「福聖宮（山水綠生態公園）站」
門票	免費

地圖

停車	內有免費停車場
年齡	0 歲～成人
參觀時間	2 ～ 3 小時

嬰兒車友善環境

士林、中山區

天母夢想公園 P.79

超高溜滑梯好玩刺激

到外太空冒險玩樂趣

🚇 芝山站

故宮兒童學藝中心 P.75

原住民文化主題公園 P.77

兒童新樂園 P.90

科教館 P.88   天文館 P.86

科教館
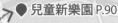

🚇 士林站

🚇 劍潭站

到圓山感受藝術氛圍

沉浸花草香氛戲水趣

圓山自然景觀公園 P.73

大佳河濱公園海洋遊戲場 P.85

北美館 P.71

林安泰古厝 P.83

圓山站 🚇

舞蝶共融遊戲場 P.74

台北典藏植物園 P.81

藝術森林：圓山公園，浪漫城市秘境

北美館 ▶ 圓山自然景觀公園 ▶ 舞蝶共融遊戲場

> 在兒童藝術中心陪伴孩子畫畫或是親子共讀看繪本，圓山自然景觀公園裡有美麗的摩天輪與旋轉木馬，或是去舞蝶共融遊戲場讓小孩盡情放電！

北美館

　　台北市立美術館門票只要 30 元，就能讓你沉浸在浪漫的藝術氛圍，加上鄰近捷運圓山站，下雨天不知道去哪就來這裡吧。除了有精彩展覽或裝置藝術，北美館本身建築也是好拍好逛的重點。重新修建後的南進門，對稱的結構，將眼前的空間切割成一格一格的方框，大片的玻璃窗引進和煦的陽光，光與影在此交會，圈住了旅人的目光。

　　轉進廊道，眼前的感受與剛剛的通透明亮之感又有差異。兩側純白的牆壁框住旅人的視線，天花板間隔投落的燈光營造出明暗對比及深邃感，給人一種虛幻的奇妙感受！

　　廊道旁的休憩區只見強勁有力的鋼骨結構搭建起橋樑，隔絕了塵囂、噪音，只有室內的靜謐氛圍。牆上不規則的線條極富設計巧思，原來是置物櫃來的，再次看見北美館隨處皆是美景。

親子家庭不可錯過的就是位於 B1 的兒童藝術教育中心，這裡分為展覽室、互動區、大小工作坊和戶外中庭。宛如迷宮的地下世界讓小孩開心探索，不定期更換的兒童特展，可在這裡畫畫、勞作，或是挑本童書倚在爸媽的懷裡，享受幼兒時期睡前的甜蜜時光。

台北市立美術館

地址	台北市中山區中山北路三段 181 號
電話	02-25957656
開放時間	週二～日 9:30 ～ 17:30，週六延長至 20:30；週一休
交通	• 捷運信義淡水線「圓山站」1 號出口步行約 10 分鐘
	• 公車 21、42、203、208、218、247、260、277、279、310、612、677、1717、2022、9006、紅 2、內湖幹線、中山幹線至「台北市立美術館站」

地圖　　官網

全票	18 歲以下	週六 17:00 過後
30 元	免費	免費參觀

停車	美術館備有免費停車場，但車位不多
年齡	0 歲～成人
參觀時間	2 ～ 3 小時

 哺乳室　 尿布台　 嬰兒車租借　 嬰兒車友善環境

圓山自然景觀公園

戶外景點

圓山公園是台北踏青好去處，這裡有週末限定的花博農民市集，販售全國各地農產品，一旁還有中山親子館，遊具豐富適合幼兒安心玩樂。玩累了，外頭就有集食行樂創意市集的異國料理，舉凡日式居酒屋、韓式餐酒館、英國餐廳及台灣小吃等應有盡有。

園區內大片草皮讓小孩盡情奔跑之餘，這裡有個隱藏秘境，沿著園區步道來到圓山自然景觀公園，映入眼簾的是這充滿典雅風情的閩式建築群，沒有太多遊客，我們在空曠的廣場裡盡情玩耍，不用擔心吵到其他遊客，整個園區就像被我們包場似的，真是個預期之外的驚喜。

往前來到觀景平台，這裡可遠眺台北 101 與圓山捷運站，更不時有飛機掠過天際。沿途經過小長城，最後來到摩天輪與旋轉木馬，這裡是許多台北人的兒時回憶。如今換我帶著孩子回到這裡，向他們訴說那些牛爸媽的童年時光。

圓山自然景觀公園

地址	台北市中山區玉門街 33 號
開放時間	大草坪區全天開放；山區每週一至日 8:00 ～ 17:00
交通	・捷運信義淡水線「圓山站」2 號出口步行約 8 分鐘 ・公車至「就業服務處站」、「圓山捷運站」或「美術館站」等站牌
門票	免費

地圖

停車	敦煌路及玉門街交叉口、台北市立美術館停車場、中山足球場停車場
年齡	0 歲～成人
參觀時間	1 ～ 2 小時

舞蝶共融遊戲場

戶外景點

　　舞蝶共融遊戲場位於花博圓山園區舞蝶館旁，這裡有沙坑、攀爬網、草皮溜滑梯、滾輪溜滑梯、盪鞦韆、瓢蟲搖搖馬等，還可以看飛機，是個小而美的遊樂園。一入場就看見毛毛蟲座椅，以及半空中的蝴蝶造景，繽紛的色彩宛若盛開的花園，大片綠意又像置身大自然。

　　遊具多與昆蟲主題相關，例如蟲蟲遊戲牆各部位都有不同的設計，如旋轉盤、翻板、響板、迷宮等，適合視覺及聽覺的探索。彩色圓筒可拍打發出聲音，咖啡杯可多人同樂，座椅上還有安全帶，是這裡的人氣設施。

　　蝴蝶溜滑梯結合草皮與滾輪兩種玩法，可以幫小孩準備滑草板就可盡情玩樂。沙坑區範圍不小，上頭還有遮陽帆布，一旁的攀爬網是公園裡難度較高的設施，可以藉此訓練手腳協調及平衡感。

　　整體而言，遊具豐富，色彩鮮豔，休息座位區不少又有飲水台，可以輕鬆陪伴小孩玩樂，彼此都能找到適宜的空間，親子家庭不要錯過囉。

舞蝶共融遊戲場

地址	台北市中山區中山北路三段 181 號
電話	02-25850192
開放時間	全天開放
交通	捷運信義淡水線「圓山站」1 號出口步行約 10 分鐘
門票	免費

嬰兒車
友善環境

停車	中山北路三段 55 巷平面停車場、花博公園圓山停車場
年齡	0 歲～成人　　參觀時間　2 小時

故宮尋寶、棒球樂園，玩出孩子創意力

故宮兒童學藝中心 ▶ 原住民文化主題公園 ▶ 天母夢想公園

故宮擁有豐富的歷史文物，滿足小孩尋寶與感受古文物的魅力。附近還有原住民文化主題公園、天母夢想公園，9 公尺高的棒球主題溜滑梯非常刺激有趣！

故宮兒童學藝中心

雨天ok!

故宮大變身，展覽結合科技讓遊客張開雙手就能進入畫中乘風飛翔，小孩玩得更開心。看完故宮三寶，請記得來到 B1 兒童學藝中心。入口以「海怪圖記」及「清院本清明上河圖」打造巨大電控玻璃投影，藉由動畫帶著遊客進入神秘的海底。

進入展廳，一艘船擺放在正中央，裡頭是備有書籍的小小閱讀區。更好玩的是規劃許多互動遊戲，透過光雕投影就能將自己的繪畫投映在古物上，也可以在古畫上蓋上自製印章。最後方的大片投影牆，得幫忙螢幕上的賣藝人撈起寶物，每個小孩都玩得超投入，親身體會到歷史及古物的趣味。

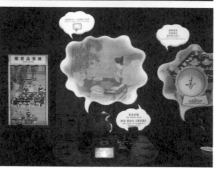

故宮兒童學藝中心

地址　台北市士林區至善路二段 221 號

電話　02-28812021、02-66103600

開放時間　週二～日 9:00～17:00；週一休

交通　捷運信義淡水線「士林站」1 號出口轉乘公車紅 30、815、304、300、255、
小 19、小 18、市民小巴 1 至「故宮站」

門票　正館全票 350 元，兒藝中心免費

地圖　　　官網

停車　館內東側遊客停車區或西側遊客停車區免收費，館外故宮廣場停車場平日計次，
週末計時收費

年齡　2 歲～成人

參觀時間　1 小時

哺乳室　尿布台　嬰兒車租借　嬰兒車友善環境

原住民文化主題公園

戶外景點

　　原住民文化主題公園位於故宮博物院旁，這裡是全台灣第一個以原住民文化為主題的公園，園區內設有原住民的雕塑品，簡單介紹 16 族原住民的文化，栩栩如生的雕像細緻呈現各族群的服裝特色。

　　園區規劃為廣場、步道、天然溪流、景觀池塘及休憩區等五大區域，並以原住民與自然依存的精神作為設計主軸。因此可看見原住民傳統圖騰，如紋面、搗米，以及鹿群的石雕，為靜謐的景致增添生命力與動感。

　　沿著步道來到最後方的池塘區，池畔修築一座邵族造型的景觀涼亭，除了展現原住民建築風格，更融入這片山林美景及親水性的遊憩體驗。微寒的天氣將湖畔涼亭的落羽松染成金黃、艷紅，與疊翠山巒一同倒映在鏡湖的風景，真是美不勝收！

原住民文化主題公園

地址	台北市士林區至善路二段 221 號（故宮旁）
開放時間	全天開放
交通	捷運信義淡水線「士林站」轉乘公車至「故宮站」
門票	免費

地圖

停車	至善路上均有停車格
年齡	0 歲～成人
參觀時間	1 小時

嬰兒車
友善環境

天母夢想公園

戶外景點

　　天母夢想公園延續天母棒球場的棒球主題，入口處的看板就有投手、打者及捕手的圖案，帶領我們進入這場刺激的童趣冒險。

　　園區分為棒球主題區、共融沙坑區、地景滑梯區及溜索旋轉區。一進入園區，那壯觀的遊具不禁讓我揉一揉眼睛，轟立於遊戲場正中央的巨大溜滑梯高達 9 公尺，以棒球的白色球體與紅色縫線發想作成四處圓形平台，讓小孩在攀爬時得以喘息。

　　溜滑梯的底層鋪設具彈性、緩衝力及散發自然香味的樟木木屑，但是因為高度高，滑下來的速度也很快，需特別注意。幼兒可以體驗溜滑梯旁的座椅式鞦韆，扣上安全帶就能安心遊玩。

這裡的沙坑設計秉持共融理念，規劃寬闊的坡道，讓推車或坐輪椅的身障孩子都能一同遊玩，可學習與不同身體條件的小孩相處，藉此培養尊重及同理心。這裡還有沙桌附設管子，可以加水玩泥巴。

堡壘旁有個大型攀爬架，可用吊單槓方式或是爬行，激發遊玩創意。一旁的溜索分為座椅式及站立式，讓不同年齡的小孩都能玩樂，長度不短，是遊戲場內的超人氣設施。

沒想到台北親子公園越來越浮誇，越來越好玩，孩子們真是太幸福了。

天母夢想公園

地址	台北市士林區忠誠路二段 77 號
開放時間	全天開放
交通	捷運信義淡水線「芝山站」轉乘公車紅 15、「士林站」轉乘公車紅 12；或搭大葉高島屋免費接駁車，下車後步行約 3 分鐘
門票	免費

地圖

停車	台北市立大學天母校區停車場、忠誠路兩側均有停車格
年齡	0 歲～成人
參觀時間	2 小時

嬰兒車友善環境

花博園區親子遊，城市綠洲裡的海洋冒險

台北典藏植物園 ▶ 林安泰古厝 ▶ 大佳河濱公園海洋遊戲場

台北典藏植物園免門票，室內就能近距離欣賞植物。不遠處的林安泰古厝，閩南建築與江南庭園並存。最後來到大佳河濱公園海洋遊戲場，和海洋夥伴們一起冒險吧。

台北典藏植物園

雨天ok!

台北典藏植物園隱身於花博園區夢想館的後方，周遭樹木環繞簇擁，夏天惱人的暑意似乎也被片片綠葉吸收、淡化，加上微風徐徐，好不涼爽。園區結合綠建築及園藝造景，以人類、植物與環境為主軸，園區內依不同的氣候與地域展示台灣各地的植物，推廣生態保育，可在短時間內領略我國原生植物的豐富與多樣性。

　　走進館內，天花板採用透光性佳的建材，引入燦爛的陽光；迎面而來的冷氣吹走旅人身上的燥熱，也洗滌了我們的身心。滿室綠意與和煦的陽光構築而成的植物園，讓人聞見花草香氛，扶疏草木給人滿滿的療癒感！

　　園區內分為熱帶、亞熱帶、多肉植物區、溫帶植物區、秋海棠展示區及高山植物區。個人最喜歡胖嘟嘟的多肉植物區，也就是仙人掌，不少品種更有著像是動漫角色或必殺技的名稱，例如烈刺玉、月影丸、白蛇丸，超熱血！

　　高樓大廈築成的水泥叢林待久了，帶著孩子走進大自然的懷抱，聞著花香，享受從腳底傳來的泥土鬆軟感吧。

台北典藏植物園

地址	台北市中山區濱江街 16 號
電話	02-27236513
開放時間	週二～日 9:00 ～ 17:00；週一休
交通	捷運信義淡水線「圓山站」轉乘公車紅 34 至「林安泰古厝」、紅 50 至「新生公園」或 542 至「吉林路底」等站牌
門票	免費

地圖　　官網

停車	iRent 台北新生停車場
年齡	0 歲～成人
參觀時間	1 ～ 2 小時

哺乳室　尿布台　嬰兒車友善環境

林安泰古厝

戶外景點

　　林安泰古厝距今超過 200 年的歷史，燕尾式屋脊向天翹立，昂首自信，風華依舊。入口左側的「顧渚茗山」，以水墨彩繪匠藝描摹泥塑壁堵，紋路多變，在挺拔山勢中增添細柔變化。右側則以雲牆相伴，左右兩側一剛一柔，以不同的綽約姿態輕攬古厝。

　　牆上多以花瓶、壽桃的形狀作點綴，取其平安、福壽之意。透過窗口、樑柱或是花木枝幹等形成的框架，將園中的景致引入其中，讓人透過不同的角度閱覽眼前美景。

　　充滿江南風情的湖畔樓閣美不勝收。池畔內，鮮碧荷葉舖成一片綠意，雨前樓前掘映月大池又被幽竹環繞。緊鄰的隨月閣隱約透露著幽靜氛圍，是古厝內最美的地方。

　　對了，林安泰古厝提供抓週體驗，備有古早味童玩及器材，可以為孩子們留下珍貴回憶。

林安泰古厝

地址	台北市中山區濱江街 5 號
電話	02-25996026
開放時間	週二～日 9:00 ～ 17:00；週一休
交通	・捷運信義淡水線「圓山站」或「中山國小站」出站步行約 20 分鐘 ・公車市民小巴 9、紅 34 至「林安泰古厝站」；或 685、紅 50、72、74、222、286 副、298、643、676、松江新生幹線至「新生公園站」
門票	免費
停車	iRent 台北新生停車場或附近停車格
年齡	0 歲～成人
參觀時間	1 ～ 2 小時

地圖

官網

哺乳室

尿布台

大佳河濱公園海洋遊戲場

戶外景點

　　大佳河濱公園共融遊戲場再升級，讓你置身海洋王國與可愛的章魚哥一起去冒險。這圓滾滾的大光頭搭配水汪汪的眼睛，以及性感的厚嘴唇，超吸睛、超可愛。園區設有遮陽棚及休憩區，五顏六色的帆布隨著風起而勁揚，讓爸媽們獲得救贖有個乘涼的地方。

　　第二期擴建的超大磨石子溜滑梯，共有 7 條滑道。另一邊則是規劃 7 組不同造型的盪鞦韆，包含坐墊、汽座、鳥巢、雙人對坐等，不同造型迸發新玩法，樂趣也加倍。超好玩的滑索分為「單點式」及「座椅式」，可用不同的方式體驗樂趣。

　　大佳河濱公園每到夏天開放的戲水區超好玩，讓這裡充滿小孩的歡樂笑聲，一年四季都能玩翻天。

大佳河濱公園海洋遊戲場

地址	台北市中山區濱江街
開放時間	全天開放
交通	捷運信義淡水線「圓山站」轉乘公車紅 34 至「八號水門站」（僅假日營運）；或 72、222 至「河濱公園大佳段站」；或小巴 9 至「九號水門站」
門票	免費

地圖

停車	園區內有停車場
年齡	0 歲～成人　　　參觀時間　2～3 小時

嬰兒車友善環境

宇宙冒險、科學世界，孩子的探索樂園

天文館 ▶ 科教館 ▶ 兒童新樂園

> 天文館浩瀚宇宙，激發小孩探索慾望；科教館敲敲打打工作坊，讓親子同樂科學 DIY；兒童新樂園各種遊樂設施，還有室內劇場玩不完。

天文館

雨天ok!

天文館是我們家最常造訪的景點，不論是 3D 影片、特展，每次都有新奇收穫。先在一樓確認宇宙劇場或是立體劇場有沒有喜歡的影片，記下場次，購買常設展及宇宙探險門票後，來到四樓，搭乘太空艙，我們即將展開一場宇宙探險！在漆黑太空中遇見美麗行星與外星人，忽然，警報聲響及不停旋轉的太空艙，讓小孩感受到緊張感，詳情留待各位親自體驗。

接著來到太空站場景，這裡有許多互動遊戲，如射擊、飛行、跳舞機等遊戲，小孩會玩到六親不認！需提醒的是，這些遊戲都是得購買宇宙探險門票才能入內遊玩喔。

　　來到三樓，這裡介紹宇宙形成、星系及探索外星生命。二樓也是遊玩重點，絢麗的星雲牆，加上一顆顆璀璨行星都令人驚艷。另外打造成座艙的休息區，遊客可休憩還能觀看影片，這也太舒適了吧。另一邊則展示太陽、月亮及地球模型，介紹季節及晝夜的變化，小孩莫不開心地汲取這些有趣知識。

　　二樓兒童區每次開放 50 分鐘，以天文概念為主題，小孩可遊玩天文咕咕鐘、兒童火箭、哈哈鏡及和星座連連看，更有繪本閱讀，千萬不要錯過了。

　　玩了許久，終於回到一樓，在這裡可以登陸月球，體驗太空人生活或是製作龍捲風、發射寶特瓶火箭等，在巨大螢幕前追逐星體，是不是很好玩？最後挑部影片感受球型銀幕的巨大魅力吧。

台北市立天文科學教育館

地址	台北市士林區基河路 363 號
電話	02-28314551
開放時間	週日及週二～五 9:00 ～ 17:00；週六 9:00 ～ 20:00；週一休
交通	・捷運信義淡水線「劍潭站」、「士林站」或「芝山站」出站步行約 20 分鐘
	・捷運「士林站」轉乘兒樂 1 號、紅 12、紅 30；或「劍潭站」轉乘兒樂 2 號、41、市民小巴 8、紅 30 至「天文館站」

地圖

官網

門票

展示場全票	劇場全票	宇宙探險全票
40 元	100 元	70 元

停車	天文館地下停車場
年齡	1 歲～成人
參觀時間	3 ～ 4 小時

哺乳室　尿布台　嬰兒車租借　嬰兒車友善環境

科教館

雨天ok!

　　科教館緊鄰天文館，兩座場館各有樂趣玩不完，記得早點出門一次攻略超划算。科教館內展覽超多樣，建議直衝三樓科學探索區的「敲敲打打工作坊」，全家人一起動腦 DIY，可從六大主題「塗鴉機」、「風管與飛行器」、「快樂城市」、「彈珠機」、「光影遊戲」與「連鎖反應」選擇一款，每一種主題製作時間及難易度均不同，請依照小孩年紀及興趣挑選。

　　其中，風管與飛行器及快樂城市較適合幼兒，前者是製作輕飄飄的飛行器，放入風管便會緩緩飄升，後者則是利用再生材料，製作自己心目中的理想城市。塗鴉機則是改裝具有馬達的裝置，為它加上畫筆就能在白板上畫出圖案。連鎖反應是骨牌遊戲，可以挑戰多層立體結構，接著輕輕一推，如海浪般的傾倒，真有種說不出的療癒。我最愛的則是彈珠機，利用管子、漏斗、軌道等各式材料，設計一道讓彈珠滾動的關卡，只見爸媽們各個不服輸的表情，比孩子更投入就知道有多好玩！

　　結束 DIY 後，來到五樓科學遊戲的世界，這裡可體驗力學、電磁、光與聲音，以及能源等各領域知識，透過親手操作，可以騎乘方輪腳踏車，或是化身超人舉起汽車，都讓小孩感受物理的奧妙有趣之處。

　　若是喜好挑戰的朋友，可試試空中腳踏車，在六層高的地方騎車絕對是此生難忘回憶，接著繼續往上來到空橋，優雅弧線搭配鋼骨結構與透明窗扇，令人望見科教館建築之美。走過空橋，來到九樓的圖書館內有親子閱讀區，收藏許多兒童科學繪本，讓小孩沉浸在書香世界裡。

　　若是家有幼兒的爸媽，可以在 B1 兒童益智探索館和小孩共度親密時光，這裡提供軟積木、塗鴉牆、益智教具及訓練感覺統合的身體探索遊具。全家大小，扶老攜幼都能在科教館裡翻轉你的頭腦。

國立臺灣科學教育館

地址	台北市士林區士商路 189 號
電話	02-66101234 分機 1000、1005
開放時間	週六日、國定假日、寒暑假 9:00 ～ 18:00；非寒暑假的週二～五 9:00 ～ 17:00。週一休，寒暑假每天開放
交通	捷運信義淡水線「劍潭站」3 號出口轉乘公車紅 30、41、9006、士林小巴 8；或「士林站」1 號出口對面轉乘公車紅 30、紅 12、557、620 至「國立科教館站」

地圖　官網

門票	常設展全票	動感 3D 劇院全票	立體劇院全票	兒童益智探索館全票
	100 元	100 元	100 元	60 元

停車	科教館地下停車場
年齡	1 歲～成人
參觀時間	3 ～ 4 小時

哺乳室

尿布台

嬰兒車租借

嬰兒車友善環境

兒童新樂園

戶外景點

　　來來來，爸媽們記得悠遊卡儲好儲滿，帶著家中寶貝來兒童新樂園大玩特玩吧。園區規劃 13 種遊樂設施，依身高決定能夠使用的遊具，個人推薦幾款如下：

可愛溫柔風　「海洋總動員」，以海洋生物為造型的音樂馬車加上夢幻背景，堪稱小女生最愛。「波力摩天輪」，以救援小英雄波力為主題，帶領安寶、羅伊及赫利，陪伴你慢慢攀升看見台北美景。「飛天神奇號」，坐上可愛的迷彩巴士迴旋舉昇。「幸福碰碰車」，讓小孩合法開車到處亂撞，滿足破壞搗亂的心情。

轉吧七彩霓虹燈　「宇宙迴旋」，小孩化身行星繞著太陽運轉，速度不慢。「星空小飛碟」，駕駛小飛機可自行操作起伏，小孩忙得可開心。「轉轉咖啡杯」，坐在裡頭享受公轉及自轉 360 度，全家人都醉了。

刺激風　「尋寶船」，就是海盜船，左右擺盪是樂園數一數二的狠角色。「叢林吼吼樹屋」，迷你版大怒神，但還是讓人大喊：「吼～～下次不玩了啦。」「魔法星際飛車」，可愛版雲霄飛車，咻一下讓人意猶未盡！

　　除了戶外設施，室內景點也不少，例如球池遊戲場適合小小孩，記得預約及攜帶襪子。兒童劇場可以吹冷氣、看表演，外頭還有免費沙坑溜滑梯，這麼多好玩設施，真的是孩子夢想國度，玩到不想回家！

兒童新樂園

地址	台北市士林區承德路 5 段 55 號
電話	02-21812345
開放時間	每日 9:00 ～ 17:00，週六、寒暑假期間及連續假期（除收假日外）延長至 20:00。 週日或連續假期收假日延長至 18:00
交通	捷運信義淡水線「劍潭站」3 號出口轉乘公車 41、紅 30、兒樂 2 號線、529（例假日停駛）；或「士林站」1 號出口轉乘 255 區、紅 30、620、兒樂 1 號線（平日停駛）至「兒童新樂園站」
門票	全票 30 元

地圖　　官網

停車	兒童新樂園附設停車場
年齡	0 歲～成人
參觀時間	2 ～ 3 小時

哺乳室　尿布台　嬰兒車租借　嬰兒車友善環境

91

攻略台北第一高峰

爬山健行鍛鍊好體力

小油坑步道 P.98 ●

擎天崗 ●
P.95

冷水坑 P.93 ●

感受迷人的鐵道魅力

新北投車站 P.107

北投溫泉博物館
P.110

好樣秘境 P.96

長安公園
P.112

台北市立圖書館
北投分館
P.109

想陽明山 P.100 ●
美軍俱樂部 P.104

● 豆留森林 P.106

● 花卉試驗中心
P.102

溫泉博物館

賞花秘境肆意漫遊

長安公園

台北市立圖書館
北投分館

陽明山親子步道這樣走，高 CP 值四大美景

冷水坑 ▶ 擎天崗 ▶ 好樣秘境

冷水坑步道 30 分鐘給你牛奶湖、菁山吊橋、生態池及落羽松；
擎天崗環形步道牛牛牧場超療癒！最後在森林系絕美玻璃咖啡廳
享美食，美照拍不完！

冷水坑

戶外景點

　　冷水坑鄰近擎天崗，地形豐富，浪漫唯美的氛圍，更是婚紗拍攝的人氣景點；還有溫泉泡腳池，讓人暫時休息放鬆！將車子停妥後，首先來到冷擎步道，舖設石磚的路面輕鬆好走，即使推車也能暢行無阻。兩旁的落羽松熱情迎接旅人，攀出的枝幹在步道上交織成綠色華蓋，有遮陽效果。

　　往前來到菁山吊橋，午後的山嵐正盛，將眼前景色壟罩在白茫茫的雲霧世界裡，宛若走入迷霧森林給人不真實的飄渺感覺。吊橋橫亙懸於兩側，在空中劃出一道優雅弧線，下方淙淙流水如鏡面倒映著溪谷風光，溪水旁的芒花盎然生機，隨風飄過的煙嵐與橋下芒花相呼應。由落羽松的金黃繽紛來到這片銀白世界，短短數百公尺就能看到不同景致，讓人心動不已！

走過夢幻吊橋很快就來到冷水坑生態池，被木柵欄圍起的碧綠池水，飄著台灣水韭，以及不知名的小花小草，柔和的陽光灑落在湖面，映出翠綠的山巒倒影。沿著生態池繞一圈，就能回到冷水坑停車場，途中經過這牛奶湖，池裡的礦物質隨著時間變成沉澱物，經陽光照射後成為乳白色，在一片綠意中更顯得童趣可愛。

····· 推薦路線 ···

闔家歡樂路線 冷水坑遊客服務站 ▶ 冷擎步道入口落羽松 ▶ 菁山吊橋 ▶ 冷水坑生態池 ▶ 牛奶湖

來回大概 50 分鐘，坡度緩卻有豐富的景色，CP 值超高！

冷擎步道路線 冷水坑遊客服務站 ▶ 菁山吊橋 ▶ 觀景平台 ▶ 擎天崗草原

全長約 1.8 公里，平均坡度 6 ～ 8 度，走完全程約需 70 分鐘，難度適中。沿途景色多變，一年四季都相當推薦的入門路線。

七星山賞芒花路線 冷水坑停車場 ▶ 七星山步道 ▶ 涼亭 ▶ 七星公園

11 月的陽明山正是賞芒草的季節，從冷水坑停車場往上約 10 分鐘，就能感受芒草夾道相逢的簇擁感。視個人體力可再前往七星公園，這段步道相當好走，可遠眺台北市風景，來回約需 60 分鐘。

七星山攻頂路線 冷水坑遊客服務站 ▶ 七星山步道 ▶ 七星山東峰 ▶ 七星山主峰 ▶ 小油坑步道

全程約 4 小時，當初我為了拍芒草，意外遇見秋景山色及銀白芒草，風景實在太美了！

冷水坑

地址	台北市士林區菁山路 101 巷 170 號（冷水坑服務站）
電話	02-28610036
開放時間	全天開放
交通	捷運信義淡水線「劍潭站」或「士林站」轉乘公車小 15 至「冷水坑服務站」
門票	免費

地圖

停車	冷水坑停車場
年齡	0 歲～成人

參觀時間　2 ～ 3 小時

哺乳室　尿布台

（冷水坑服務站）

擎天崗

　　擎天崗環形步道採取如汽機車分流的「人牛分道」安全設計，中央段約 530 公尺，環形步道加裝圍欄，避免遊客打擾牛隻生活，以及保護遊客安全。沿途步道雖有小石子，但平坦好走，推車也可輕鬆漫遊。

　　看著牛牛悠閒地低頭吃草的模樣，心也被療癒了，搭配大片的綠意與湛藍晴空，給人舒心的感受。環形步道走到盡頭只能原路折返，來回不超過 30 分鐘，遊客可在草皮上休息或野餐。

　　若是秋季芒草盛開之時，可由步道入口附近往金包里城門，探索歷史人文及欣賞古道秋芒。這條步道也被稱為魚路古道，最遠可一路走到金山，但若僅是散步賞花的遊客，建議走到金包里城門即可，往返約 1 小時，不算累人。沿途芒花在風中輕舞飛揚，彷彿灑上一層銀白紗霧，在陽光下顯得晶瑩剔透！

擎天崗

地址	台北市士林區菁山路 101 巷 246 號
電話	02-28314551
開放時間	全天開放
交通	捷運信義淡水線「劍潭站」或「士林站」轉乘公車小 15 至終點站「擎天崗」
門票	免費

地圖

停車	擎天崗停車場
年齡	0 歲～成人　　　　參觀時間　1 ～ 3 小時

 哺乳室　 尿布台

（擎天崗服務站）

餐廳推薦

好樣秘境

　　陽明山餐廳何其多，首先推薦有著「森林系浪漫滿屋之最美景觀餐廳」稱號的好樣秘境。被綠意包圍的純白玻璃屋，透過上方的玻璃還能看見晴空，門口種植了楓樹，當深秋時節來臨，楓紅搭配白色玻璃屋又是如畫的景致。

　　大片落地窗及透明屋頂讓陽光輕柔地灑落，室內明亮無比，視野更加開闊。純白牆面搭配戶外盎然綠意，堪稱無死角的完美風景。中性色彩的布沙發擺放著鬆軟的枕頭，暖暖的舒適感，就像回到家那樣的放鬆。另一邊，深色皮沙發透出沉穩老舊的氣息，正前方的玻璃窗後是座溫室花園，抬頭同樣能夠望見天空，若是多人聚餐，則可優先選擇這裡。

好樣秘境菜單品項相當多樣，「老奶奶黃檸檬磅蛋糕」一上桌就不停飄散著檸檬的酸甜氣味，有厚度的蛋糕得用刀叉優雅進食，一入口，這濕潤綿密的口感，檸檬片的清新微酸帶出蛋糕本身甜味。另一道胡桃派走硬底子路線，核桃與派皮在嘴裡不停咀嚼，可感受到濃郁的巧克力香氣。

若說檸檬磅蛋糕的酸甜氣味適合女孩兒，那巧克力的香氣就偏向大人的成熟氣味，兩者表現都不錯。假日來陽明山踏青，到好樣秘境好好慰勞自己吧。

好樣秘境

地址	台北市士林區菁山路 136-1 號
電話	02-28626488
開放時間	11:00 ～ 20:00
交通	捷運信義淡水線「士林站」或「劍潭站」轉乘公車 303 至「菁山里（二）站」，往下坡方向步行約 1 分鐘

地圖　　官網

停車	餐廳附近道路均為紅線，請將車子停放在菁山路一段 131 巷
年齡	4 歲～成人
參觀時間	2 小時

雨天ok!

小油坑步道，征服台北最高峰

小油坑步道 ▶ 冷水坑 ▶ 想陽明山

走入小油坑步道攻略台北第一高峰，秋季芒花盛開，景色美如畫。四季更迭的景館餐廳甜點美食，讓人還沒離開陽明山，就開始想念陽明山！

小油坑步道

戶外景點

　來到小油坑，先來服務站附近欣賞芒花及壯觀的噴氣口吧。滿天飛舞的芒花和熱氣瀰漫的火山口地貌，遠處飄來的山嵐、裊裊熱氳及雪白芒花，三種白色交織成眼前的迷濛世界。

　接著準備挑戰台北第一高峰七星山，小油坑步道入口，就在遊客服務站附近的公車亭。這裡是攻頂最短路徑，步道初始兩側是箭竹林，在綠意的包圍下邁出步伐。步道前半段的坡度較緩，由入口走上 10 分鐘，就能看到前有高山後有雲氣飄渺的山谷美景，芒花在整片山壁上隨風輕舞。

　來到步道中段，美景就在回頭處，遠眺山谷，這片壯觀的崩塌地形是否就像個大澡盆，低窪處不斷冒出靄靄煙嵐，與飄過山際的雲霧相唱和。隨著不斷上升的高度，回頭也能望見更美的風景。

　　站在步道上，視野開闊，環顧四周這片被群山包圍的寬闊草原，可想見夏季時的碧綠如茵，秋季時的銀白如雪，四季風情在陽明山格外分明。越往上，取而代之的是壯麗山景與高低起伏的稜線。遠眺望見的台北，在這樣的距離，頓時覺得充滿靜謐，看來好可愛、好美！

　　沿途看著老師帶著一群學生一步一步地慢慢爬，時而互相打氣，時而休息，實在是一場體力與耐力的考驗！終於，一個半小時的健行終於攻略台北第一高峰，沿途上的美景相伴，讓這段旅程不是那樣累人。在這裡補充點能量及休息後，建議往冷水坑方向下山，這段步道的視野遼闊少有遮蔽，又是不同美景。

　　一路來到涼亭，此時已離冷水坑不遠了，若有體力的朋友可往前造訪七星公園，沿途的步道是大片石階，相當好走。若是往冷水坑很快就來到觀景平台，此時冷水坑停車場就像小巧的積木臣服在我們的腳下。至此，恭喜你解鎖台北第一高峰的人生成就！

小油坑步道

地址	台北市北投區竹子湖路 69 號（小油坑服務站）
電話	02-28617024
開放時間	全天開放
交通	「台北車站」或捷運信義淡水線「劍潭站」轉乘公車 1717 至「小油坑服務站」
門票	免費

地圖

停車	小油坑停車場
年齡	10 歲～成人
參觀時間	3 ～ 4 小時

 哺乳室 尿布台

（小油坑服務站）

餐廳推薦

想陽明山

陽明山舊美軍宿舍群聚集許多特色餐廳，其中想陽明山咖啡廳周圍種植落羽松、黃楓與櫻花樹，讓遊客在享用美食之餘還能看見陽明山的四季遞嬗。戶外空間大，還可以帶寵物來，可說是親子寵物友善餐廳。

想陽明山外觀這一白一黃的兩間洋房，彷彿走入異國鄉村，更令人驚喜的是店家種植了 40 棵落羽松，轉為金黃色的樹葉在陽光映照下發出點點金芒，燦爛奪目，一旁的楓樹退去身上的綠葉，轉成黃楓，一同染上秋天的色彩。

室內裝潢以鄉村風為主，高挑的空間搭配木製桌椅、布製沙發，樸實的色調營造一股悠閒氣氛。座位多，有四人座椅、沙發區，以及大長桌可以容納多人的聚餐，加上戶外的庭院，相當適合小孩在外跑跳。

另一棟室內空間採用大片的玻璃窗引進戶外陽光，加以暈黃的燈光輔助照明，採光良好。座位間保持一定距離，讓人更能在自己的位置上放鬆談天、享用美食。雪白的牆面與天花板構建成亮透純粹的夢幻。窗外陽光不時變換，光影也隨著躍動，為眼前的靜好添上動感。

來到戶外，色彩繽紛的可愛座椅又是另一種風情，秋高氣爽的季節，坐在戶外享受陽光與自然美景也不錯，只能說想陽明山信手拈來都是令人醉心的景致。

想陽明山的餐點品項豐富，主餐宮保雞丁義大利麵香氣足不嗆辣，麵條本身咬勁足，沾附著香辣的醬汁讓人越吃越開胃，相當過癮！吃完正餐，一定要來個想陽明山的招牌「武藏野焦糖乳酪」，剛上桌，咬下去發出嘶～～嘶的聲響，在舌尖上逐漸溶解成濃香，吃入一口沁心。乳酪逐漸融化後的慕斯口感，鹹甜冰涼滋味緊緊包覆味蕾，加上那層酥脆焦糖，兩種甜度交疊成迷人風味，推薦給愛吃甜點的朋友。

想陽明山

地址	台北市士林區光華路 30 號
電話	02-28626628
開放時間	週一～五 11:00 ～ 20:30；週六、日 10:30 ～ 21:30
交通	捷運信義淡水線「士林站」或「劍潭站」轉乘公車 303、小 15、紅 5 路至「山仔后派出所站」，步行約 5 分鐘
門票	免費

地圖

FB

停車	店家附設停車場
年齡	0 歲～成人
參觀時間	1 ～ 2 小時

雨天ok!

四季彩之丘、日式咖啡秘境，
陽明山最熱鬧的老屋聚落

花卉試驗中心 ▶ 美軍俱樂部 ▶ 豆留森林

美軍舊宿舍和日式咖啡廳，兩種不同風格的老屋在陽明山迸射出迷人的懷舊氛圍。附近還有四季花之丘的賞花秘境，看見最夢幻的美景。

花卉試驗中心

戶外景點

　　花卉試驗中心原以種植水果類的樹木為主，後來因為陽明山氣候分明，水氣充沛適合花苗、樹木培育，開始進行茶花、杜鵑花及其他花卉的栽培、研發。園區內佔地遼闊約有十幾公頃，種植不同季節綻放的花卉。

　　走入園區，目光所及就是茂盛的綠意，高聳挺拔的大樹伸出蜿蜒的枝幹，近傍晚的和煦陽光透過葉隙灑落一地，映出斑駁的樹影伴著遊客的腳步。脫離水泥叢林，轉身投入大自然的懷抱，走在舖設完善的步道上盡情享受山林的包圍。

　　園區內不同植物展區各據一方，透過卵石、枕木、高壓磚、洗石子、花崗岩，以及塊石等不同材質步道串連，讓人踩踏著輕鬆的腳步肆意漫遊。

　　在晴朗的天氣映襯下，就連枯枝都有特別的詩情畫意，一旁的水泥牆有著藍色窗扇，更是網美打卡或婚紗照的必拍景點。園區內到處奼紫嫣紅，一旁還有巴黎鐵塔的造景，營造滿滿的異國氛圍。當春天腳步將臨，一小搓的梅花與怒放的寒櫻唱和春之樂章，掀起陽明山花季的序曲。

花卉試驗中心

地址	台北市士林區仰德大道四段 175 巷 32 號
電話	02-28616361
開放時間	8:00 ～ 17:00
交通	・「台北車站」北 1 門搭乘公車 260 至「文化大學站」，步行約 1 分鐘 ・捷運「劍潭站」轉乘公車紅 5 至「文化大學站」或 303 至「山仔后站」，步行約 5 分鐘
門票	免費

地圖

停車	由仰德大道四段右轉菁山路的路邊、 往美軍宿舍群的光華路與愛富三街巷弄內路邊臨停
年齡	0 歲～成人
參觀時間	1 ～ 2 小時

嬰兒車
友善環境

餐廳推薦

美軍俱樂部 Brick Yard 33 1/3

　　美軍俱樂部 BY33 為 1950～1960 年代駐台美軍，及其眷屬社區的社交活動空間，因此空間配置與該區域的美軍宿舍改建餐廳略有不同，除了附設泳池外，還有獨立的酒吧區，完全就是當年美軍聯誼、娛樂的空間縮影。後來一度荒廢凋零，經台北市政府推動「老房子文化運動」，成功變身成為美式鄉村風格餐廳。

　　來到大廳，高挑的室內環境明顯看見屋頂的樑柱，橫樑層疊地架構起整個空間，頗有幾分貼近自然的感受。刻意裸露的電線，帶有不多加雕飾的率性工業風，原木色調中搭配深色吊燈，映照暈黃的燈光，營造溫馨如家的氛圍。

　　美軍俱樂部的用餐空間分隔成三個區域，首先就是入口處這開闊的空間，以四人座為主，座位彼此相隔甚遠，絲毫沒有擁擠的感覺，能好好放鬆交談、用餐。紅磚拱牆相隔的浪漫沙發區，獨攬窗光。若是親子家庭可以考慮選擇這裡，一旁就是通往戶外中庭的側門，方便小孩進出。但沙發區的桌子高度較低，比較適合點輕食或飲料，慵懶的躺在這裡享受放小孩吃草的悠閒氛圍。

　　繽紛色彩的沙發在典雅中又帶些可愛的氣息，但夏天陽光強烈，窗邊位置會比較熱一些。大片落地窗讓陽光輕柔地灑落，室內明亮無比，視野也更加開闊。

　　戶外有個超大庭園以及水池，水的高度只到腳踝，餐廳還提供球球讓小孩遊玩又能拍網美照。平滑如鏡的水池倒映眼前的藍天、綠意，加上紅磚牆的老建築，形成一片寧靜怡人的景致。除了身後不斷傳來小孩的嬉鬧聲音，劃破這片靜謐，卻也增添無比活力，記得帶上換洗衣物小孩可盡情戲水，大人就好好吃飯，各自尋得放鬆的方式。

　　美軍俱樂部的蛋糕均一價 120 元、咖啡 100 元起，算是便宜的價格，來這裡享用正餐或下午茶都適合。濃湯清淡的口味適合小孩食用；主餐的燉飯有著滿滿的雞腿肉，份量足；香料醃漬過的雞肉煎烤搭配青醬，有著濃郁香氣。

　　沒想到陽明山上有能玩水又寬敞的餐廳，同時滿足吃飯、小孩遊樂、爸媽放鬆、室內吹冷氣的多重目標。

美軍俱樂部 Brick Yard 33 1/3

地址	台北市士林區凱旋路 49 號
電話	02-28618282
開放時間	平日 11:00 ～ 20:00、假日 10:30 ～ 20:30
交通	・「台北車站」北 1 門搭乘公車 260 至「文化大學站」，步行約 1 分鐘 ・捷運信義淡水線「劍潭站」轉乘公車紅 5 至「文化大學站」或 303 至「山仔后站」，步行約 5 分鐘

地圖　　官網

停車	店家附設停車場
年齡	0 歲～成人
參觀時間	1 ～ 2 小時

雨天ok!

餐廳推薦

豆留森林

豆留森林是 CAMA CAFE 旗艦店請來專業團隊設計，利用在地植物打造而成的日式建築咖啡新秘境。寬闊的戶外庭園只見高聳的樹木與老屋相伴，綠意點綴白色牆面，美不勝收。

老屋外這片竹林，蒼勁挺拔的氣勢，彷彿走入「臥虎藏龍」的電影場景，密集排列的竹林遮蔽外頭川流不息的車輛，也隔絕了吵雜的喧囂聲，讓這裡成了一片清幽秘境。

庭院裡曲折小徑與蜿蜒枝幹交織成蔥鬱之森，在這裡放心的讓小孩奔跑，探索大自然生態，爸媽來杯咖啡放鬆心情。戶外隨處都是可以坐下休息的地方，在這裡不自覺的讓人放慢腳步。想放逐自己，想尋幽忘愁，不妨來到陽明山，因為遇見這片森林，所以逗留！

豆留森林

地址	台北市士林區格致路 70 號
電話	02-28611218
開放時間	週一～五 10:00 ～ 20:30；週末 9:00 ～ 20:30
交通	‧「台北車站」北 1 門搭乘公車 260 至「文化大學站」，步行約 1 分鐘 ‧捷運信義淡水線「劍潭站」轉乘公車紅 5 至「文化大學站」或 303 至「山仔后站」，步行約 5 分鐘

地圖　　官網

停車	由仰德大道四段右轉菁山路的路邊、往美軍宿舍群的光華路與愛富三街巷弄內路邊臨停
年齡	0 歲～成人　　參觀時間　1 ～ 2 小時

嬰兒車友善環境

雨天ok!

火車鐵道、日式湯泉，北投人文懷舊紀旅

新北投車站 ▶ **台北市立圖書館北投分館** ▶ **北投溫泉博物館** ▶ **長安公園**

> 北投古蹟好好玩，新北投車站日式建築與古董車廂超吸睛，
> 溫泉博物館美麗建築讓你聞見光陰的味道。接著來到最美圖
> 書館以及百年車站化身溜滑梯，保證小孩玩翻天。

新北投車站

雨天ok!

　　我一直覺得北投是個獨立特別的行政區，遠離市中心，步調緩慢，不少日式古蹟與湯屋讓這裡就像小京都，有著獨一無二的旅行氛圍，在北投站轉乘時，就可明顯感受這股在地的人文風光。你會遇見讓人會心一笑的可愛造景，繽紛外表的新北投線捷運車廂，車上更有供遊客拍照打卡的公仔，給人新奇的旅行樂趣。

　　新北投車站是台鐵淡水線僅存的百年車站，曾經因為北淡線停駛而走入歷史，如今華麗重生，更增設月台、鐵軌及火車，車廂內配合展覽陳列不同主題的歷史文物，例如黑白影片、鐵道用具等，一張張黑白照片記錄台北各車站的身影與淡水線的歷史。

淡水線有許多路段都緊鄰著民宅，居民經常在鐵道附近吃飯散步，或盪起小樂椅。

　　列車旁即是復刻的新北投車站，完整保留當時日式工藝所打造的歐式風情，溫潤的木質色調在時光的淬煉下更有歷史情懷，在周圍高樓環繞下更顯亮眼。走入車站，裡頭陳列舊時的鐵道主題文物，例如在夜裡為遊客照亮道路的煤油燈、聯繫懸在兩端情緒的舊電話、裝載著聚散離合心情的行李箱，如同一片片拼圖，拼湊每個人的車站時光。洋溢濃厚日本風情的舊車站，讓人感受到迷人的鐵道魅力。

新北投車站

地址	台北市北投區七星街 1 號
電話	02-28915558
開放時間	週二～四 10:00 ～ 18:00、週五～日 10:00 ～ 20:30。週一休
交通	捷運信義淡水線「北投站」轉乘新北投支線至「新北投站」，步行約 2 分鐘
門票	免費

地圖　　官網

停車	捷運新北投站轉乘停車場、七星公園地下停車場
年齡	0 歲～成人
參觀時間	1 小時

台北市立圖書館北投分館

雨天ok!

　說到台北最美圖書館，北投分館若說第二，應該沒人敢稱第一。北投分館是全台首座綠建築圖書館，緊鄰溫泉博物館，同樣位於滿滿綠意的北投公園。室內大面玻璃窗引進戶外陽光，同時採用大量陽台空間及垂直木格柵，避免日光直曬及降低熱輻射，讓室內維持宜人溫度。

　略有弧度的屋頂及斜坡，可用來涵養水分、澆灌植栽及沖水，達到環境綠化與減少水資源浪費，豐富的館藏，在這裡大人小孩都能找到喜歡的書，找個舒適的位置悠閒地享受閱讀的樂趣，原來，閱讀也可以這麼潮！

台北市立圖書館北投分館

地圖

地址	台北市北投區光明路 251 號
電話	02-28977682
開放時間	週二～六 8:30 ～ 21:00、週日～一 9:00 ～ 17:00
交通	・捷運信義淡水線「北投站」轉乘新北投支線至「新北投站」，步行約 10 分鐘 ・公車 216、218、266 至「新北投站」，或小 22 至「北投公園站」，步行約 5 分鐘
門票	免費

停車	捷運新北投站轉乘停車場、七星公園地下停車場
年齡	3 歲～成人
參觀時間	1 ～ 2 小時

哺乳室

尿布台

嬰兒車友善環境

北投溫泉博物館

雨天ok!

　北投溫泉博物館建於 1913 年，紅磚色建築看來仍是典雅高貴，讓人完全看不出已超過百年歲月。入館後請先換上拖鞋，木製鞋櫃似乎承襲日治時期風格，好似來到日本場景。榻榻米大廳，當時日本在台時期，是民眾沐浴後納涼、用餐、休憩的地方，在這裡可以眺望整個北投谷地以及公園美景。二樓的另一側空間，展示著北投當地的懷舊照片、文物、那卡西等在地文化與溫泉礦石。

走下階梯來到一樓大浴池，這裡是溫泉博物館的精神所在，也是整棟建築物最重要的空間。當時只供男性沐浴，浴池建築帶有羅馬和土耳其浴池的風格。此外，為容納更多的人，當時便設計成必須站著泡湯的浴池特色，圓拱列柱圍起的浴池與兩側牆上的鑲嵌彩色玻璃，提供了極為明亮華麗的沐浴氣氛。

午後陽光透過彩繪玻璃窗灑落，如浮光掠影般在水面閃耀著點點金芒，讓這片景色美得刻劃入心。處處充滿童趣的設計，吸引小孩的目光，潛移默化中學習新知；戶外大草原可以跑跑跳跳。百年過去，溫博館各個角落仍飄散著舊時光，如湯泉般給旅人一股舒服溫暖的感受。

北投溫泉博物館

地址	台北市北投區中山路 2 號
電話	02-28939981
開放時間	週二～日 9:00 ～ 17:00；週一休
交通	・捷運信義淡水線「北投站」，轉乘新北投支線至「新北投站」，步行約 10 分鐘 ・公車 216、218、266 至「新北投站」，或小 22 至「北投公園站」，步行約 5 分鐘
門票	免費

地圖

官網

停車	捷運新北投站轉乘停車場、七星公園地下停車場
年齡	1 歲～成人
參觀時間	1 ～ 2 小時

哺乳室　尿布台

長安公園

戶外景點

長安公園佔地小巧精緻，最吸睛的就屬百年車站變身超美日式建築溜滑梯，外型超精緻，屋簷上用來裝飾牆面的牛眼窗也忠實呈現。蔥鬱綠意下，溫潤樸實的木作質感無違和地融入周圍環境。

公園鋪上舒適的綠色軟墊，小孩可放心地奔跑甚至翻滾。地面上的軌道線條與一旁的小火車搭配車站溜滑梯，完整揉合在地特色，將新北投的火車主題融入親子遊戲。色彩鮮豔的造型小火車是丹麥 KOMPAN 品牌遊具，細節還原度不錯，有方向盤、搖鈴等，雖然無法移動，但小孩一下子握著方向盤當起車長，沒多久，又變成小猴子爬上爬下，忙得不亦樂乎。

特殊造型的翹翹板支架質感相當輕巧，但下方沒有墊子，讓小朋友自行控制平衡力道，不會有一般翹翹板發出希嗦的磨擦聲，或是劇烈的撞擊，真好玩！

溜滑梯前面與側面各是一座攀爬架，寬度及高度不一，剛好訓練小孩的手腳協調、手指抓握等大動作。底下的空間是孩子們的秘密基地，或是玩起扮家家酒，天氣炎熱時更是遮蔭休息的地方。

長安公園

地址	台北市北投區育仁路 109 號對面
開放時間	全天開放
交通	捷運「新北投站」出站後，沿七星街往薇閣小學方向前進，左轉育仁路直行約 8 分鐘；或沿育仁路步行約 10 分鐘
門票	免費
停車	捷運新北投站轉乘停車場、七星公園地下停車場
年齡	1 歲～成人　　參觀時間 1 ～ 2 小時

地圖

嬰兒車友善環境

新北親子遊

板橋／中和 · 三重／新莊／五股／八里 ·
淡水／林口 · 新店／烏來 ·
鶯歌／三峽／土城 · 汐止 ·
金山／萬里 ·
北海岸 · 東北角

板橋、中和區

魔法城市的親子樂園

四維公園 P.117

蝴蝶公園 P.119

🚇 新埔站

新板藝廊
P.118

🚇 板橋站

林本源園邸
P.115

🚇 府中站

恐龍園區 P.124

員山公園
P.122

超長滾輪滑梯好刺激

錦和運動公園 P.120

江南庭園、巨獸遊戲場，親子節慶嗨玩板橋！

林本源園邸 ▶ **四維公園** ▶ **新板藝廊** ▶ **蝴蝶公園**（季節限定）

> 板橋活動一波波，春天蝴蝶嘉年華，暑假新北兒藝節到全台最盛大的新北耶誕城，歡迎來到魔法城市、親子樂園，好玩一整年。

林本源園邸

戶外景點

　提到板橋景點首推林家花園，後來稱林本源園邸，其中的園代表林家的花園，也就是現在捐給市府成為一般民眾遊憩之所。參觀前請注意以下兩點：參加導覽團，可以更加了解這裡的歷史與建築特色及典故；除了林家花園，另有三落大厝可供欣賞，但得先向服務人員拿取預約導覽的號碼牌，並於時段內集合前往。

　　若是像我們家小孩不受控，年紀小聽不懂解説，更怕影響其他遊客，那就放鬆心情隨意參觀吧。走入園區，眼前這條綠意小徑彷彿引領遊客步入戲劇場景，望見隱身於石塊高牆後的中式樓閣，猶如琵琶半遮面的佳人，略顯嬌羞。

　　園區內階梯多，更有溝渠，不利推車，加上蜿蜒小路就像置身花園迷宮，小孩樂得玩起捉迷藏，但需注意不要靠近水池！

　　佔地千坪的花園有假山、池水、戲亭、書閣等，古色古香、雕梁畫棟，每處雕刻、壁畫、文字等裝飾都深有學問，隱涵先人對後代子孫的期許，以及取其同音庇佑家族平安。如今古蹟再進化，結合高科技光雕秀，讓百年老宅換上妝容。漫步於此，細細品嚐這座華美宅邸的典雅寧靜，時光推移更增添它的無比魅力。

林本源園邸

地址	新北市板橋區西門街 9 號
電話	02-29653061
營業時間	9:00 ～ 17:00，週五延長至 19:00。每月第一個週一休館
交通	・捷運板南線「府中站」2 號出口步行約 10 分鐘
	・公車 264、307、310、701、702 至「林家花園站」；或紅 9、綠 9 至「北門街站」
門票	全票 80 元、新北市民憑身分證可免費入場
停車	板橋第二運動場、府中停車塔
年齡	2 歲～成人
參觀時間	1 ～ 2 小時

地圖

官網

哺乳室

尿布台

四維公園

戶外景點

　　四維公園兒童遊戲場空間不大，但是溜滑梯造型特殊，攀爬有難度衍生挑戰樂趣，值得小小勇者們來此挑戰。一進入就能看見巨龜溜滑梯，再往前就是大片沙坑，以及一旁張開大口的巨獸溜滑梯，後頭由繩網及攀爬架構成的巨大身軀，是遊戲場內最大的設施。

　　巨獸溜滑梯有著大大的圓形眼睛，利用彩色欄杆作成巨獸的利齒，近看還真有點可愛。小孩可以從巨獸尾端的鑽籠、中間的圓形攀爬架，或是前端的繩網慢慢爬上去，不管如何，沒有走樓梯這麼簡單的方法，一定得手腳並用越過重重障礙，才能抵達巨獸的頭部，才能從溜滑梯一口氣滑下來。前段的繩網區，空隙頗大，只能抓著旁邊的欄杆前進，相當具有難度。加上溜滑梯的滑行速度很快又是寬面，小孩很容易傾倒撞到溜滑梯，建議有人陪同較為安全。

　　另一處潛伏的巨龜溜滑梯看來溫馴可愛，有部分身體露在地面上，結合石頭溜滑梯、攀岩區及抓桿，但是草皮鋪成的超滑龜殼成為高難度的挑戰。抓桿間距寬，小小孩儘管伸長手臂也不易抓握，後方的攀岩塊小且陡，都讓攀爬更具挑戰難度，激發小孩旺盛的挑戰慾。

四維公園

地址	新北市板橋區陽明街 166 號（新埔國小旁）
開放時間	全天開放
交通	捷運板南線「新埔站」1 號出口步行約 5 分鐘
門票	免費

地圖

停車	四維公園地下停車場
年齡	0 歲～成人
參觀時間	1 ～ 2 小時

嬰兒車
友善環境

117

新板藝廊

雨天ok!

　　新板藝廊是一處隱身於高樓的城市藝文空間，走過串連新北市政府及大遠百的空廊，遊客自由穿梭城市生活空間，看見新板特區最美的街景。

　　作為展覽處所，這裡不定期展出當代設計及創作，可帶著孩子來此接觸藝術培養美感，更能參加超好玩的藝術活動，例如「小小石膏修護師」，孩子穿上修護袍，親手修復古蹟，讓文物再現風華；「創藝小玩家」，透過故事分享、探索和趣味體驗，小孩以輕鬆有趣的方式製作月球燈、彈力球及水晶靈等；「繪本創作體驗」，帶領孩子閱讀繪本，動手翻玩色彩及圖像概念，接著自己動手創作獨一無二的小型繪本，如此豐富的活動都得上官網預約報名。

新板藝廊

地址	新北市板橋區漢生東路 166 號 3 樓
電話	02-29506606
開放時間	請參考官方臉書預約活動
交通	・捷運板南線「板橋站」3A 出口步行約 7 分鐘
	・於「板橋公車站」往大遠百方向步行約 5 分鐘；或「縣民大道口站」步行約 2 分鐘
門票	請參考官方臉書

地圖　　FB

停車	市民廣場地下停車場、特專三停車場、板橋火車站停車場
年齡	6 歲～成人
參觀時間	1 ～ 2 小時

蝴蝶公園

一年一度的板橋蝴蝶公園地景花海，透過上萬株花草鋪成壯麗的地景花海，讓這裡成為一座城市花園，吸引不少蝴蝶翩翩飛舞。園區裡遍植滿滿的美麗花卉，好像小型花博公園，色彩繽紛！蝴蝶造景還有其他可愛動物，彷彿走入一場熱鬧的動物森友會派對。

來到蝴蝶公園一定要登上觀景平台，從高處往下俯瞰，可看見蝴蝶形狀步道，平台上有蝴蝶圖案能讓小孩同框留念。當夜幕低垂，燈光亮起那一刻，浪漫花海頓時成為絢麗光雕秀，日與夜，不同的景致卻同樣動人！

雖然燈海藝術是每年限定開放，但即使平日到來，仍可在水岸公園輕鬆漫步，感受親水公園的魅力。

蝴蝶公園

地址	新北市板橋區環河西路四段18號，江子翠橫移門堤防外
開放時間	全天開放
交通	公車仁愛幹線（經捷運市府站）至「五福新村站」，步行約10分鐘
門票	免費

地圖

停車	江子翠橫移門內停車場
年齡	0歲～成人
參觀時間	1～2小時

嬰兒車友善環境

超長滾輪、超陡滑梯，城市中的恐龍秘境

錦和運動公園 ▶ **員山公園** ▶ **恐龍園區**

> 中和錦和公園有著媲美沖繩親子公園的超長滾輪溜滑梯，員山公園則有陡峭磨石子溜滑梯和滑草道，另外還有恐龍秘境，可愛造景讓人拍不停。

錦和運動公園

戶外景點

　　沖繩浦添大公園滾輪溜滑梯速度快，依著山勢一路往下滑行，超刺激！沒想到新北也有這樣一個親子公園，爸媽們還不手刀衝起來。錦和運動公園緊鄰中和運動中心，設有停車場，若要幫小孩換衣物或尿布，以及取用熱水泡奶粉都相當方便，可說是親子友善的環境。

　　公園佔地不小，入口旁最先看到一座迷你滾輪溜滑梯及彈跳網，此時小孩眼睛應該已綻放出興奮光芒。再往前，一座超巨大攀爬網，就像結實累累的果樹上頭攀滿手腳俐落的小孩。而後方原本是樹幹水管溜滑梯，整修後變成超長滾輪溜滑梯，也是園區內最受小孩喜愛的遊具。孩子們二話不說，就往頂端衝去，這裡也有一座短滾輪溜滑梯，建議幼兒在此遊玩即可，不然塞在長滾輪裡造成塞車就不好了。

長滾輪溜滑梯的滑行速度並不快，有些小孩會蹲著溜，或是自行攜帶滑草板，讓滑行變得更刺激。請注意小孩滑行速度，避免撞傷其他孩童。

玩完溜滑梯，還有旋轉盤、沙坑盪鞦韆、磨石子溜滑梯等，遊具相當多樣，絕對可以滿足小孩的要求。重點來了，小小河道裡會有淺淺流水，是炎炎夏日清涼消暑的好去處，不必千里迢迢跑去北海岸或是東北角，在城市裡就能玩水、玩遊具，真是安心方便！

錦和運動公園

地址	新北市中和區錦和路 350-1 號（中和國民運動中心）
電話	02-22429222
開放時間	全天開放
交通	捷運中和新蘆線「景安站」轉乘橘 5 公車至「中和國民運動中心站」
門票	免費

停車	中和運動中心停車場
年齡	0 歲～成人
參觀時間	2 ～ 3 小時

地圖

哺乳室　尿布台　嬰兒車友善環境
（中和國民運動中心內）

員山公園

戶外景點

　離錦和公園車程約 10 分鐘的員山公園，有著同樣好玩的遊具，建議可以規劃一日遊攻略這兩處特色公園，保證小孩徹底放電回家秒睡。不過員山公園位於巷弄內，若是公園下方停車場滿位，附近是住宅區加上巷弄狹小，都使得停車更加不易。

　解決停車問題後就可抱著愉悅心情踏上階梯，帶著推車的爸媽只要撐過這段階梯後就海闊天空了。繼續往前首先看到盪鞦韆、旋轉盤及跳格子，在彩繪地景下更顯可愛。沿途還有健身設施，一個接一個，就像園遊會攤位般吸引小孩的目光，每一項都想嘗試，但更好玩的還在後頭呢！

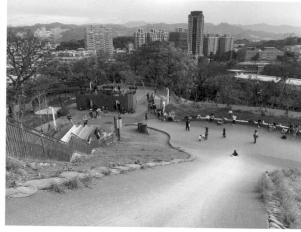

　　接著眼前出現巨大的環狀攀爬架，橫跨在兩處小山坡上，看起來像是渡橋，一旁的小斜坡就像幼幼版溜滑梯，適合幼兒在此遊玩。穿過攀爬架，視野更加開闊，前方就是主要的兒童遊戲區，有超大沙坑、鳥巢鞦韆、迷你攀岩牆，以及軟質坡道，利用類似 PU 跑道材質鋪設的地面，讓色彩看來豐富可愛，更可保護小孩不易跌倒摔傷，相當貼心的設計。沙坑內有沙桌及挖土機，不遠處就有沖水設施，愛挖沙的小孩一定能玩得超開心！

　　轉個彎，超陡峭的磨石子溜滑梯及滑草道巍然矗立，這兩者應該是大台北地區最高、最長的吧，還一次給你三種顏色三條滑道，小孩開心地爬上溜下，樂此不疲！若是幼兒，建議玩草皮溜滑梯。從高處往下看真的很長、很刺激，還能看見周圍城市街景，乘著晚風欣賞落日，是另一個美好的收穫！

員山公園

地址	新北市中和區員山路 455 巷
開放時間	全天開放
交通	公車 57、201、231、307、793、796、F512 至「員山站」，步行約 2 分鐘
門票	免費

地圖

停車	中和區員山路 455 巷停車場、民安停車場、民樂立體停車場、積穗國小地下停車場
年齡	0 歲～成人
參觀時間	2 ～ 3 小時

恐龍園區

戶外景點

聽說華中橋下有處侏儸紀公園，裡頭有萌呆恐龍、兇狠暴龍，以及翼手龍等，但是這神祕世界不好抵達，得走過陸橋才能到，加上路邊沒有停車格，從停車場走過去得走上一小段路，可考慮搭乘公車或是捷運前往。

橫跨環河西路的陸橋，就是通往恐龍園區的通道，牆上有隻巨大暴龍，以及翼手龍，小孩樂得當起探險員，彷彿走入電影場景那樣充滿期待。越過路橋來到園區，堤防上彩繪各種恐龍，一旁就是碧綠草地與波光粼粼的新店溪，規劃完善的自行車道讓單車族迎風馳騁；另一邊是籃球場，場上或籃板也可見到恐龍身影，還有呆萌恐龍爸媽推著恐龍嬰兒車，好似這裡是個恐龍與人類和平共存的平行世界。

　　不妨和小孩來個找尋恐龍遊戲吧，看誰能找出小暴龍、三角龍、小劍龍、恐龍蛋，以及飛翔於天空中的翼龍等，這裡還有個小沙坑，在恐龍環伺下悠哉地挖沙，那景色也太有趣了！

　　不少 3D 立體彩繪更是拍照打卡的熱點，例如追著單車騎士的暴龍、爬上電塔的恐龍，還有變型金剛、金屬恐龍及吉普車，好像電影場景般，假日不妨來走走，或是騎上單車踩著更悠閒的速度，瀏覽這座城市的河岸景致吧。

恐龍園區

地址	新北市中和區華中橋下
開放時間	全天開放
交通	・捷運環狀線「中和站」出站步行約 10 分鐘 ・公車橘 3 號至「橋和站」，步行至華中橋後，沿階梯即可進入河濱公園
門票	免費

地圖

停車	俥亭停車場
年齡	0 歲～成人
參觀時間	1 ～ 2 小時

嬰兒車
友善環境

🚇 淡水站

● 十三行文化公園 P.140

● 卡滋爆米花觀光工廠樂園
P.138

遠眺林口台地美景

豹豹咖啡
P.137

● 猛禽展示館 P.135

● 林梢步道
P.133

🚇 蘆洲站

新北最強親子公園

🚇 台北橋站

新北大都會公園
P.129 ●

🚇 三重站

空軍三重一村
P.127 ●

新莊棒球主題公園 P.131 ●

🚇 新莊站

玩眷村、棒球公園、熊猴森，小孩樂翻天！

空軍三重一村 ▶ 新北大都會公園 ▶ 新莊棒球主題公園

眷村變身兒童遊戲場，讓小孩大秀廚藝炒翻天。新北最強親子公園熊猴森，台灣動物主題遊具超吸睛，加上棒球主題共融遊戲場，打造免費遊樂天堂！

空軍三重一村

雨天ok！

　　空軍三重一村大變身，面積約 1.38 公頃是北部地區僅存的防砲眷村，園區內保存日治時期構築的防砲陣地及地下甬道遺跡。修復後，以「新北市眷村文化園區」之姿，推動眷村文化保存、教育推廣及藝文資源，賦予眷村文化新的生命能量，並帶入人潮促進地方發展。

　　入口處的警衛親切地向往來遊客問候，似乎回到充滿人情味的南部老家。巷弄內，兩排整齊劃一的建物漆著艷紅色的大門，門牌上的地址已隨著原屋主搬遷而改為展間名稱。故人雖已走遠，但園區內飄散的懷舊氛圍，帶來絡繹不絕的遊客，新與舊，在這裡不斷交替。

　　旗桿上的國旗隨風飄揚，好似翻騰的血液，鼓動著體內的民族意識與對這片土地的認同感。牆上的精神標語讓人感受到在當時的大環境下，村裡的軍眷住民隨時枕戈待旦，為國家為民族的犧牲奉獻。

來到一村廣場，這裡是被眷舍圍繞的防砲陣地，早期是長滿草的小山坡，被稱為「山坡上」。這兒曾是一村孩子們玩捉迷藏、打棒球的地方，似乎還能聽見他們的天真笑聲，以及村民們話家常的身影。

園區將多棟舊建物改為生活館，陳列懷舊客廳，藤椅、老式電視機等。廣大園區內最特別的就是這神祕地下甬道，參加導覽就能戴上鋼盔穿梭在昏暗的甬道，聽著導覽員介紹台北大轟炸的歷史，不難感受到當時的危急情況。

其中 13 號眷舍為兒童體驗館，一樓是小朋友玩扮家家酒的地方，好多組廚房遊具，以及各式食材玩具，小孩立馬變身大廚師，炒菜玩得不亦樂乎，而且完全免費。樓頂則有裝置藝術及燈飾，入夜後點亮大片燈海，浪漫指數破表，是個小孩玩樂、爸媽談心的地方。

空軍三重一村

地址	新北市三重區正義南路 86 巷
電話	02-29791815
營業時間	10:00 ～ 18:00，每月第一個週一休園
	甬道聲光體驗：平日 11:00、15:00；假日 11:00、14:00、15:00、16:00
交通	・捷運中和新蘆線 - 迴龍線至「台北橋站」，步行約 10 分鐘
	・公車 211、221、261、306、704 至「正義南路底站」
門票	免費

地圖　　官網

停車	光興國小地下停車場、越鑫三重場停車場、三重忠孝橋下高灘地臨時停車場
年齡	0 歲～成人
參觀時間	2 ～ 3 小時

 哺乳室 尿布台 嬰兒車友善環境

新北大都會公園

戶外景點

　　新北大都會公園「熊猴森樂園」總面積達 4 公頃，網羅共融遊戲場常見的各式遊具，並結合台灣特色動物為主題，打造全台最大的兒童樂園，重點是免費，加上鄰近機捷三重站，交通真的很便利。

　　園區內腹地超大，更有胖卡餐車提供戰力補給，玩上一下午也不嫌累。園區結合堤坡地形規劃 31 座溜滑梯及 100 組的遊具設施，沒聽錯，就是這麼多。以下介紹台灣動物主題遊樂設施，爸媽得多來幾趟才能玩透透！

台灣獼猴管狀溜滑梯
可愛的猴子伸長兩隻手臂，讓你開心地從高處滑下來。

雲豹滾輪滑梯
就像雲豹裝甲車一樣，利用滾輪作為履帶，緩緩前進，小小孩也能玩。

台灣帝雉
從正面看，你可能看不出來它是磨石子溜滑梯。

彩虹溜滑梯

經典磨石子溜滑梯不退流行，梯面又寬又滑，滑行速度快，好刺激！

台灣藍鵲攀爬網

小孩躲在藍鵲肚子裡彷彿是他們的秘密基地，開心地爬上去，再從草皮滑下來。
旁邊的蛋蛋屋可以爬，也能玩捉迷藏。

台灣黑熊鞦韆

兩隻呆萌黑熊扛起扁擔，讓小孩開心地搖來晃去。

超高瀑布滑草場

很多小孩拿著滑草板攻頂後，再快速滑下斜坡，那人潮就像百貨公司周年慶讓人
震撼！

櫻花鉤吻鮭攀爬座

共有兩座，讓小孩發揮手腳協調力。

樹蛙溜索

分為可站立及兒童座椅兩種，大小朋友都能安全遊玩。

滑軌遊戲區

全台首見遊具，緊握滑軌，化身泰山在枝頭擺盪，享受離心力的刺激感。

新北大都會公園（熊猴森樂園）

地址	新北市三重區疏洪東路一段
開放時間	6:00 ～ 22:00
交通	・捷運中和新蘆線「三重站」1 號出口；機場捷運線「A2 三重站」1A 出口 ・公車至「捷運三重站」、「菜寮（重陽路）」、「菜寮（重新路）」等站牌
門票	免費

地圖

停車	幸福水漾停車場、觀光市集北側停車場、觀光市集南側停車場
年齡	0 歲～成人
參觀時間	2 ～ 3 小時

 哺乳室
 尿布台
 嬰兒車友善環境

新莊棒球主題公園

戶外景點

　　新莊親子景點首創棒球主題的兒童共融式遊戲場，園區佔地遼闊，除了棒球場、籃球場、大片草皮可野餐和小孩玩球。園區內共有四處兒童遊戲區，海盜船造型的溜滑梯，外型可愛且顏色繽紛，頗受幼童青睞，船身有著小小攀爬區，攀上船體後好像小孩的秘密基地。

　　園區內最特別，讓人為之瘋狂的，就是這全台首創的棒球主題遊戲場，迷你場地裡每個壘包都是不同的遊樂設施，例如捕手位置就是棒球手套，變成小孩的攀爬區。一旁的記分板結合數字轉盤與攀爬繩，小孩可體會棒球比賽的樂趣，相當有創意。一壘及三壘是彈跳網，同時可供兩名孩童遊玩。二壘則是旋轉盤，坐在椅子上像洗衣機瘋狂旋轉，大人在一旁看到頭暈，小孩卻是玩到超 high ！

整個遊戲場最主要、也最巨大的遊具，就是這座超大型溜滑梯，頂棚還是棒球形狀。透明水管旋轉溜滑梯約有兩層樓高，滑行速度不會太快。溜滑梯底下的高度適合小孩玩捉迷藏遊戲，或是天氣炎熱時躲在這裡挖沙。溜滑梯第二階平台有許多機關，例如小小攀爬網可以訓練小小孩的膽量和手腳協調能力。

側板的移動圓圈圈小遊戲造型像個船錨，搭配黃色框框作成的艙門，給人登上海賊船的感覺。溜滑梯旁的休息區，則有爆米花及熱狗造型看板，讓小孩玩起老闆扮演遊戲。

整體而言，結合棒球主題有特色，小孩玩得開心投入，並且鄰近商圈，玩樂後用美食劃下美好的假日句點吧。

新莊棒球主題公園

地址	新北市新莊區復興路一段與中和街交叉口
開放時間	全天開放
交通	・捷運中和新蘆線「新莊站」1 號出口步行約 15 分鐘 ・公車 299（經忠孝復興站／台北車站）至「新莊田徑場站」
門票	免費

地圖

停車	新莊體育園區 A 區停車場、歐特儀新莊體育園區（A 區）停車場
年齡	0 歲～成人
參觀時間	1 ～ 2 小時

嬰兒車
友善環境

觀音山天空步道、八里親子遊樂園，放風放鬆小旅行

林梢步道 ▶ 猛禽展示館 ▶ 豹豹咖啡 ▶ 卡滋爆米花觀光工廠樂園 ▶
十三行文化公園

觀音山親子景點超集中，天空步道輕鬆好走！接著來趟老鷹生態之旅與一杯貓咪咖啡。再到八里爆米花 DIY，竟然還有草皮、磨石子溜滑梯，以及考古沙坑，好玩到不行！

林梢步道

戶外景點

　位於觀音山的林梢步道，是一條建構於林間的天空步道，讓你像小鳥般在枝頭輕躍。沿途平坦少有階梯，兩段式的步道加起來距離只有 800 公尺，來回需 30 分鐘，可遠眺林口台地美景，CP 值超高！

　分為兩段的路線，建議由遊客中心生態園區走入步道第一段，接著會接到平面道路，約 200 公尺右轉走下階梯，接續步道第二段，很快就抵達終點。漫步其中，兩側枝木交織成一條翠綠的樹海隧道，為旅人遮去強烈的陽光。

第一段步道的視野較為遼闊，可清楚望見林口台地。與城市保持這樣的縱深，拉開與人的距離，聆聽鳥語，大口呼吸。沒想到不用走遠，不用爬高，林梢步道就能親近久違的蒼穹，伸出手似乎就能捏捏如棉花糖鬆軟的雲朵，好紓壓的感覺。

第二段步道地勢較低，像是走入綠色隧道沐浴在芬多精的圍繞之下。步道終點是凌雲禪寺的場域，有著慈悲善目的佛像、凌雲亭，以及開山園。回程順遊觀音山遊客中心，小孩可在廣場跑跑跳跳，還有間豹豹咖啡館有貓咪店員。趁著涼爽的季節來這享受漫步雲端，親近自然森呼吸的悠閒。

林梢步道

地址	新北市五股區凌雲路三段 130 號（觀音山遊客中心）
電話	02-22928888
開放時間	全天開放
交通	捷運中和蘆洲線「蘆洲站」3 號出口轉乘公車橘 20 至「觀音山遊客中心」；或公車 785（經捷運北門站）至「凌雲寺」，由此走林梢步道第二段往遊客中心接第一段
門票	免費
停車	觀音山遊客中心門口及下方、路邊白線區域
年齡	0 歲～成人
參觀時間	1 小時

地圖

嬰兒車友善環境

猛禽展示館

雨天ok!

　我一直以為觀音山是因為躺臥於淡水河旁的山脈，遠看形似觀音而得名，但其實觀音也有著觀鷹的寓意，與八卦山、墾丁同為台灣三大賞鷹地點。而猛禽展示館則是觀音山國家公園風景區最新景點，以老鷹生態為遊戲主題。

　館內一樓透明地板下方是觀音山地理環境，抬頭則可看見老鷹盤旋，如此近距離看到兇猛帥氣的鷹姿，是相當難得的體驗。櫥窗內展示不同品種的猛禽標本，而多媒體看板則介紹各種猛禽種類與知識。猛禽之眼讓你看見老鷹振翅飛翔、盤旋的美麗姿態。另有「夾夾樂」模擬鷹爪捕捉獵物，以及「老鷹握力 PK 賽」。

　　二樓展示牆介紹追蹤猛禽的器材，以及觀鷹的景點與知識；另一邊則是打彈珠遊戲，小朋友可從遊戲中體會生態環境的重要。後方則有「猛禽塗鴉天空」，繪圖後利用投映機就能在螢幕上出現自己的作品。另一側是「VR 劇場」，牆上介紹黑鳶的知識，一旁備有頭戴式虛擬裝置，戴上後就能看見老鷹在眼前飛翔，隨著牠飛高俯衝，超逼真的畫面彷彿伸出手就能碰到牠的羽翼。兩層樓的展館，可欣賞這些空中霸者的美麗姿態。若是意猶未盡，不妨登上附近的步道，或許就能親眼目睹牠們在空中翱翔。

猛禽展示館

地址	新北市五股區凌雲路三段 130 號（觀音山遊客中心旁）
電話	02-22928888
開放時間	9:00 ～ 17:00
交通	捷運中和蘆洲線「蘆洲站」3 號出口轉乘公車橘 20 至「觀音山遊客中心」
門票	免費

地圖

停車	觀音山遊客中心門口及下方、路邊白線區域
年齡	0 歲～成人
參觀時間	1 小時

哺乳室

尿布台

嬰兒車友善環境

豹豹咖啡

　　觀音山遊客中心旁附近有著數條難度不一的步道，而豹豹咖啡正好可作為遊客們休息補充體力的中繼站，更重要的是裡頭竟然有貓咪店員，那模樣實在太可愛，只不過貓咪平日才被放出去閒晃，貓奴們可得看好日子再行前往。

　　店內兩層樓挑高的空間採光明亮，簡單的裝潢給人輕鬆自在的感覺。用餐區域分為兩個空間，一邊有貓跳台及一堆讓貓咪攀爬的設施，而另一間則用可愛熊熊及貓咪靠枕作為裝飾，桌上餐具同樣也是貓咪主題，給人用餐好心情。

　　店內提供咖啡、茶飲、蛋糕鬆餅及義大利麵，選擇多樣。第一人氣推薦黑糖拿鐵咖啡，利用黑糖打造豹貓的花紋增添視覺效果，黑糖的甜味與微苦的咖啡，相互提點讓味道更濃醇，香氣更迷人。悠閒度過午後時光後，可往林口市區或是八里繼續遊坑。

豹豹咖啡

地址	新北市五股區凌雲路三段 130 號
電話	02-22923876
營業時間	週二～五 11:00 ～ 18:00、週六～日 10:00 ～ 18:00。週一休
交通	捷運中和蘆洲線「蘆洲站」3 號出口轉乘公車橘 20 至「觀音山遊客中心」
停車	觀音山遊客中心門口及下方、路邊白線區域
年齡	0 歲～成人　　參觀時間　1 ～ 2 小時

 地圖　　 FB

雨天ok！

卡滋爆米花觀光工廠樂園

雨天ok!

　　亞洲第一座爆米花主題的親子觀光工廠落腳八里，外觀繽紛亮麗，裡頭的裝潢擺設，讓人彷彿來到環球影城的美國村，洋溢一片熱鬧可愛氛圍。天花板上的可愛雲朵，就像沾了甜滋滋味道的爆米花，讓空氣中也瀰漫著香甜氣味，給人愉悅心情。

　　參觀採網路預約或現場預約，每場次 1.5 小時，整個流程包含導覽、互動遊戲及爆米花 DIY 體驗。首先跟著導覽人員介紹玉米的故事，還能試吃不同口味的爆米花，好玩無法擋。接著來到二樓電影院場景，這裡的戲院風格，讓人超想一邊吃爆米花一邊看電影，大螢幕可以進行「跑跑玉米人」的競速遊戲，小孩玩到不想回家。

　　回到一樓，這裡同樣有個大螢幕可以玩接爆米花的遊戲，結束後就能專心體驗爆米花DIY。作法是將爆米花淋上糖漿，接著捏捏揉揉塑形後，灑上巧克力碎片及眼睛裝飾就完成了，相當簡單！

　　接著到櫃台領取飛天爆米花的瓶子，將裡面的玉米倒入機器，掃描瓶身 QR Code 後就開始製作爆米花。看著玉米粒在管子中不斷加熱跳動，逐漸變成一顆顆白白胖胖的爆米花被吸入管中，沿著天花板向櫃台移動，最後落在櫥窗裡，服務人員會舀起一袋爆米花，讓遊客自行添加調味粉完成整個流程。

　　整體而言，1.5 小時的行程安排得剛剛好，拍照、遊戲和 DIY，時間一下子就結束了，小孩們能夠看見平常愛吃的爆米花生產過程，整場抱著興奮與期待的情緒，相當值得親子家庭造訪。

卡滋爆米花觀光工廠樂園

地址	新北市八里區觀海大道 171 號
電話	02-86303886
營業時間	試營運期間週二～日 10:30 ～ 17:00，週一休
交通	・捷運「淡水站」步行至淡水渡船頭，搭乘渡輪至八里渡船頭 ・捷運「關渡站」轉乘紅 13 公車至「雷朗園區站」，步行約 2 分鐘；「蘆洲站」轉乘 704 公車至「乙天宮」，步行約 7 分鐘
門票	250 元

地圖　　官網

停車	忠二街收費停車場、觀海大道及忠五街均有停車格
年齡	3 歲～成人
參觀時間	2 小時

哺乳室　尿布台

十三行文化公園

戶外景點

　　八里十三行文化公園前身為米飛兔主題公園，經過大改造後，成為結合考古及地形的共融式遊戲場，一旁就有大片停車場可不用煩心停車問題。放眼望去則是大片草皮綠地，但林蔭遮蔽處不多，不妨帶上野餐墊及小帳篷，或是挑選下午時間來訪。

　　遊戲場主要分為三區，首先是多人翹翹板、圓形搖搖盤及盪鞦韆，這裡較適合年紀較小的孩童。滑索則分為站立式與安全座椅兩種，不同年紀的孩子都能遊玩。這座山坡結合地勢打造長達 20 公尺的磨石子滑梯，滑行速度超快，刺激程度連大人也玩得盡興。另一側是滑草場，限制年齡 5 歲以上孩童才能遊玩，滑行速度不慢，建議為孩子帶上滑草板，更能體驗刺激樂趣！

　　最後一區則是結合考古及尋寶趣味的沙坑，總共埋有 6 處寶藏，可盡情享受挖沙樂趣，一旁就有水龍頭可沖洗。遮陽篷則是幾何圖案樣式，頗有幾分法櫃奇兵的冒險氛圍。此外，還有沙桌讓身障孩童坐著輪椅也能同樂，以及寬面磨石子溜滑梯適合幼童。

　　沒想到八里越來越好玩，親子公園加上十三行博物館，再找間餐廳就是全家人假日出遊的好地方。

十三行文化公園

地址	新北市八里區博物館路與忠孝路口
開放時間	全天開放
交通	捷運信義淡水線「忠義站」轉乘公車 682 至「挖仔尾站」，步行約 10 分鐘；「關渡站」轉乘公車紅 13 至「十三行文化公園站」；「淡水站」搭乘渡船至「左岸公園」，轉乘紅 13 公車至「十三行文化公園站」
門票	免費

地圖

停車	公園附設停車場、博物館路有停車格
年齡	0 歲～成人
參觀時間	2 小時

嬰兒車
友善環境

到紅樹林認識濕地生態

滬尾藝文休閒園區
禮萊廣場 P.146

淡水海關碼頭 P.145

淡水站

閑恬Mydeli手作美味坊 P.149

紅樹林生態步道 P.143

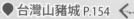

水牛坑 P.155

參觀小小動物園餵食趣

台灣山豬城 P.154

竹林山觀音寺 P.152

林口樂活公園 P.150

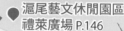

濕地三寶、海關碼頭、電玩美食，
淡水老街新玩法

紅樹林生態步道 ▶ 淡水海關碼頭 ▶ 滬尾藝文休閒園區禮萊廣場 ▶
閑恬 **Mydeli** 手作美味坊

紅樹林生態步道平坦可推車，還能看到濕地三寶。來到淡水海關碼頭虛擬互動遊戲親身體驗，或是滬尾藝文園區享隱藏美食看夕陽，淡水美好的一天就醬玩～

紅樹林生態步道

戶外景點

　生態步道距離捷運紅樹林站不遠，建議先到紅樹林站 2 樓的紅樹林生態教育館認識濕地生態。館內展覽以模型、影片及圖板等，介紹潮間帶與淡水河口的生態系統及三寶：招潮蟹、水筆仔及彈塗魚，在這裡小孩透過繪本或影片對整個生態系統有初步認識後，到了實際環境後會更加深他們的印象。

　館內也規劃閱讀區，有不少自然相關的繪本與讀物，讓小朋友在安靜的環境下自在閱讀，同時也有拼圖可以玩。行前功課作足後來到紅樹林生態步道，小徑步道只有500公尺，穿過淡水河紅樹林自然保留區，往淡水方向會與自行車道會合，再沿著捷運軌道一路通往捷運淡水站，單趟約40分鐘，沿途平緩相當好走。

　前段步道舖上鐵網，偶有幾道階梯一點都不是問題，不管是嬰兒推車或滑步車、三輪車都能輕鬆漫遊。濕地的主要植物林相為水筆仔，以及海邊鹽地或潮間帶生育地的植物，例如相思樹。此外，受紅樹林攔截沖刷的有機物沉積於此，也吸引水鳥來此覓食，與地主隊招潮蟹、彈塗魚等共構成為豐富生態。

　看著招潮蟹辛苦地舉著巨大螯子在洞裡爬進爬出的模樣，其實也滿紓壓的，畢竟在水泥叢林裡關了許久，假日來到空曠的戶外，欣賞這些小動物們模樣可愛的走來走去，讓人重新感受到生命的美好，在無形中就被牠們療癒一番！

紅樹林生態步道

地址　　新北市淡水區中正東路二段68號2樓（紅樹林生態教育館）
電話　　02-28082995
開放時間　9:00～17:00。週一、二休
交通　　捷運淡水信義線「紅樹林站」，不出站由2號出口上樓即達
門票　　免費

地圖　　官網

停車　　捷運紅樹林站轉乘停車場
年齡　　0歲～成人
參觀時間　1～2小時

淡水海關碼頭

戶外景點

　淡水海關碼頭位於淡水老街的末段，鄰近紅毛城，由淡水站沿著淡水老街漫步而行，吃吃喝喝，邊聊邊玩，倒也不感疲倦。碼頭內仍保留清代與日治時期的建物，如碼頭、二層洋樓及倉庫，現已納入古蹟，更作為展覽場所，結合休憩與展演的用途。

　碼頭內的倉庫建於 1920 年，為歐風紅磚構造，現已改為展演場所。不定期更換的特展，大部分都與淡水在地歷史有關，透過虛擬互動遊戲相當適合親子家庭造訪。戶外有片大草皮，遠處是個船型小屋的裝置藝術，進去後別有洞天，還可以划槳，小孩玩得樂此不疲！

　淡水海關碼頭離捷運站有段距離，沿著老街走來，欣賞淡水河的美麗景色，聞著炸物的香，聽著來往人群的歡笑喧鬧，從熱鬧景象一路走到閒靜氛圍，感受各有不同。

淡水海關碼頭

地址	新北市淡水區中正路 259 號
電話	02-26231001
開放時間	室內 9:30 ～ 19:30、戶外全天開放。每月第一個週一休
交通	・捷運信義淡水線「淡水站」步行約 20 分鐘 ・捷運「淡水站」公車候車處轉乘紅 26、836 遊園公車，至「紅毛城（真理大學）站」，往河堤步行約 30 公尺
門票	免費

 地圖　 官網

停車	紅毛城收費停車場	
年齡	0 歲～成人	參觀時間　1 小時

嬰兒車友善環境

滬尾藝文休閒園區禮萊廣場

滬尾藝文休閒園區姿態優雅地立於緩坡，一旁淙淙溪水流淌而過，好似輕柔地包圍著白色園區。園區入口像山峰狀的線條，彷彿日本古城的屋簷。

外頭好拍，裡頭也好逛。禮萊廣場內有多家餐廳、遊戲場，以及國賓影城，璀璨的燈飾好像浪漫星空，帶著小孩來這裡吹冷氣、肚子餓了馬上有美食餐廳支援超方便。三樓戶外就是美麗的將捷鬱金香酒店純白色系的簡約設計，融入這片綠意之中，不顯突兀。本體建築以拱形、方形的陽台及窗台相隔，沒有複雜誇張的雕飾與工法，僅有花草與山林作陪，形塑高貴典雅氛圍。酒店前有造型水池，水池底部嵌入寶藍色馬賽克磚，與晴空的湛藍、酒店的潔白舖陳，建構成一片藍與白的世界，猶如置身地中海度假風情。

　　提醒您，酒店共有兩層水池，第一層矮牆較高，小小孩伸手僅能碰觸池面，但第二層的池水幾乎平貼地面，如同琴鍵般的通道中間有縫隙，請注意孩童安全，不要因貪玩或行走不慎跌落池中發生意外。

　　走過綠地來到山坡，讓雙腳沉浸在泥土與小草的溫柔包覆，舒緩行走一天所累積的疲憊感。孩子們可在這片草地上追逐玩樂，專心聆聽真正屬於淡水在地的聲音。滬尾藝文休閒園區坐擁淡水河景與晨曦暮色，內有將捷鬱金香酒店及影城，讓原本充滿復古風情的淡水增添新潮與高雅氣息，無論是親子遊戲、視聽旅遊、美食購物，這裡一次滿足。

滬尾藝文休閒園區禮萊廣場

地址	新北市淡水區中正路一段 2 號
電話	02-26265222
營業時間	週日～四 11:00 ～ 21:30；週五、六及例假日 11:00 ～ 22:00
交通	捷運信義淡水線「淡水站」2 號出口轉乘公車紅 26 或接駁車至「滬尾砲台站」
門票	免費

 地圖　　 官網

停車	附設地下汽車停車場
年齡	0 歲～成人
參觀時間	1 ～ 3 小時

哺乳室　尿布台　嬰兒車友善環境

餐廳推薦

Megabit 電玩餐酒館

　Megabit 電玩餐酒館店內有 Switch、各式懷舊主機無限暢玩，還有格鬥、賽車、射擊等大型機台。除了電玩，這裡的美食也是重點，以電玩題材入菜，讓玩家更投入，更是六年級生的青春回憶。

　消費方式是餐點金額除以 50 可兌換一枚代幣，大型機台所需代幣 2 ～ 3 枚不等。若是 Switch 遊戲區，低消是 20 枚代幣，遊客可自行挑選遊戲後由店員協助安裝，就能暢玩 90 分鐘。

　若玩得還不過癮，可轉換陣地來到後方大型電玩區，這裡有快打旋風、射擊或是競速遊戲，代幣用完了還不想回家嗎？沒關係，另一邊小型主機可以不限時間遊玩，有許多古早味遊戲卡匣，同樣也有射擊遊戲。玩累了，店內貼心提供免費按摩椅，面對淡水河景致，讓你舒爽回復體力後繼續挑戰！

Megabit 電玩餐酒館

地址	新北市淡水區中正路一段 2 號 3 樓
電話	02-26200321
開放時間	11:30 ～ 00:00
交通	捷運信義淡水線「淡水站」轉乘公車紅 26 至「滬尾砲台站」，或搭乘禮萊廣場接駁車（紅 26 公車等候區，11:00 ～ 22:00，平日 60 分鐘一班、假日 30 分鐘一班）

FB

停車	滬尾藝文休閒園區
年齡	4 歲～成人　　參觀時間　2 ～ 3 小時

雨天ok!

餐廳推薦

閑恬 Mydeli 手作美味坊

　　閑恬 Mydeli 手作美味坊餐點以歐式料理與甜點為主。店內位置不多，建議先以電話預約以免撲空。從荷蘭返台的老闆娘以荷蘭的家居生活入菜，強調自然、健康不浮誇。每一道餐點口味佳，真材實料卻是價格平實。

　　店內招牌之一的檸檬塔，檸檬清新的酸甜滋味讓人忍不住口水直流。一入口，眉頭不自覺地跟著檸檬的酸度而糾結，若是喜歡檸檬塔的人絕對合拍，包準愛上。

　　甜菜根巧克力表面看來偏硬的巧克力，一匙舀下，竟要費點力氣，可感受到蛋糕本體的紮實綿密。送進嘴裡，表層的巧克力在口腔中隨著溫度慢慢化成一股香濃的甜味包覆味蕾，讓人好生滿足。

閑恬 Mydeli 手作美味坊

地址	新北市淡水區坪頂路 22 號
電話	02-86263159
營業時間	週四～一 12:00 ～ 20:00；週二、週三休
交通	淡海輕軌「竿蓁林站」，過馬路後走上小斜坡後抵達

地圖　　　　FB

停車	店家門口及對面斜坡空地共三個停車位，建議搭乘大眾交通工具
年齡	0 歲～成人
用餐時間	1 ～ 2 小時

雨天ok!

櫻花林、末日秘境、探訪動物冒險去

林口樂活公園 ▶ **竹林山觀音寺** ▶ **台灣山豬城** ▶ **水牛坑**

林口樂活公園捷運主題遊戲場超刺激，接著探訪山豬城裡小小動物園，以及水牛坑看牛隻。若是春天，日式廟宇櫻花林讓人一秒到日本。

林口樂活公園

戶外景點

　　林口樂活公園是全台首創捷運主題的共融式兒童遊戲場，遊戲區旁設置詢問台、超商及售票口等造型，讓小孩玩起老闆遊戲，也是拍照打卡點。溜滑梯旁的大型攀爬網訓練小孩手腳協調能力，自己找出不同的路徑挑戰走法。別擔心，遊戲區鋪設軟地墊，除了提供小孩安全的遊戲環境，上頭更畫上捷運列車通往機場的路線圖，使得公園更加繽紛及充滿童趣。樂活公園仿照兒童新樂園，依小孩身高建議使用適合的遊具，若孩子挑戰難度高的遊具，請爸媽在旁陪同確保安全。

　　車廂溜滑梯三節車廂各有機關，車廂內部，擬真度相當高，有傳聲喇叭還有繩網，通過後才能抵達第三節車廂高達四層樓的超高溜滑梯。從上往下看，這高度真的嚇人，速度也不慢，挑戰孩子們的勇氣。

來到另一區的遊戲區，這裡的遊具比車廂溜滑梯還多，有三組盪鞦韆，以及多人遊玩的彈跳網，比姿勢、比協調性，更比搞笑創意。最好玩的就是這組彷彿遊樂園的飛天旋轉椅，可多人乘坐，小孩玩到停不下來！

林口樂活公園

地址	新北市林口區忠孝路 616 巷 26 號
開放時間	全天開放
交通	・機場捷運「A8 站」，轉乘公車 925 至「麗園一街站」，步行約 2 分鐘 ・「台北車站」搭乘公車 1209 至「崇林國中站」或 1210 至「麗園一街站」
門票	免費

地圖

停車	忠孝路 542、594 巷；忠孝路 616 巷 27-5 號
年齡	0 歲～成人
參觀時間	2 ～ 3 小時

嬰兒車
友善環境

竹林山觀音寺

　　竹林山觀音寺原為日式風格，後來重建改為中式傳統道教建築形式，巍峨壯麗，莊嚴肅穆，香火鼎盛，可說是林口、龜山地區的信仰中心。寺宇採三落七門閩南風格建築，各個角落大量使用金箔貼飾，讓寺廟顯得金碧輝煌、富麗堂皇，是氣派更是浮誇。牆壁、石柱或木雕，不管是鳥獸動物、人物花卉，均是精緻典雅。石柱上的對聯，書法蒼勁雄邁，皆是來自名家手筆。

　　對面的竹林山寺公園也是走浮誇路線，祥龍盤踞河道之上，口中吐出龍涎瀑布，在湖面激起一陣陣的水花。遠處，優雅的橋身橫亙湖面，如同一抹美麗的弧線繫起兩側景致。角落處有著西遊記人物的雕塑，生動的表情，彷彿將書頁中的劇情寫實地呈現眼前。湖畔青柳低首，柔弱的枝葉不時飄逸於風中，憑空舞出曼妙的身影，為這幅靜態的景致中增添一絲動感。另有坊舟造型的休憩區與樓閣，都值得漫步其中，緩下思緒好好欣賞一番。

當春臨大地，更是迎來花海蔓延竹林寺的盛況，廟前幾棵昭和櫻盛開，拍照時可以將櫻花與遠方的建築同時入鏡，那厚重繁瑣的感覺，和櫻花的輕盈嬌柔形成明顯對比。一旁，櫻花倚著石燈籠與石獅，更如置身日本京都，洋溢著浪漫優雅的異國氛圍。

公園裡一整排的昭和櫻舖成粉嫩櫻花大道，映襯庭院樓閣、小橋流水的江南風情，將中式庭園妝點成更加夢幻粉嫩。這裡更有小小遊戲場，內有彈跳床、攀爬架、極限飛輪及旋轉盤，沒想到賞櫻、祈福、親子遊戲一次滿足！

竹林山觀音寺

地圖　　官網

地址	新北市林口區竹林路 325 號
電話	02-26011412
開放時間	全天開放
交通	「台北車站（鄭州）」搭乘三重客運 1210 至終點站
門票	免費

停車	廟前及周圍附設免費停車位
年齡	2 歲～成人
參觀時間	1 ～ 2 小時

台灣山豬城

山豬城在台北親子界裡可是有著不小名氣，因為這裡可以免費參觀小小動物園，裡面飼養鴕鳥、馬、羊、鴨子、孔雀、雞、兔子、山豬及水牛等。園區佔地遼闊，可以先來到大公雞服務亭買飲料或紅蘿蔔，讓小孩餵動物去。

所有動物裡頭推薦必看的就是鴕鳥、山豬和水牛，像我家兒子作錯事被責罵時會用手遮住眼睛，一整個鴕鳥心態，所以帶他來和鴕鳥說聲學長好也是應該的。山豬則是其他地方少見，那長長獠牙搭配呆萌模樣，看來好可愛。另外在池裡的水牛胃口超好，撿些樹葉餵牠都來者不拒，超有趣！

園區內另有投幣式遊戲機適合幼兒，逛上一圈餵飽所有動物大概 40 分鐘。若是肚子餓了直接在餐廳用餐吧，合菜每個人平均 300 元起，菜色豐富又不貴，假日花上一個下午時間在此吃飽玩滿絕對沒問題！

台灣山豬城

地址	新北市林口區下福里 15 號
電話	02-26061117
營業時間	11:00 ～ 21:00
交通	搭乘林口區公所提供的免費社區巴士 F237 至「珍珠嶺站」，或 F238 至「南屏橋站」，步行約 15 分鐘
門票	免費

地圖　　　官網

停車	附設免費停車位	
年齡	0 歲～成人	參觀時間　1 ～ 2 小時

嬰兒車
友善環境

水牛坑

戶外景點

　台灣有許多各具特色的海景公路，其中，西濱公路（台15線）沿途有台北港、八里焚化爐、林口發電廠及巨大風車，這些大型設施都讓這條公路充滿粗曠、不修邊幅的個性 tone 調。而這樣的地方竟然隱藏一處人稱水牛坑的秘境，原本這裡是片蒼鬱的山林卻被盜採砂石，留下坑坑巴巴的奇特模樣，由於形似美國大峽谷，所以又被稱為林口大峽谷。

　如今，這高低起伏的地勢變成越野車訓練場地，更能看見成群的水牛在這悠閒吃草，形成一幅特殊景象。每天下午是牛隻的活動時間，遊客請與牛隻保持距離，也請注意小孩不要亂跑而驚嚇牛隻導致意外發生。

　攀上高處，除了可俯瞰海景，不時看見飛機劃過天際，以及浪漫夕陽，那落日餘暉將山壁映照得閃亮動人，如此特別的末日風秘境，充滿一堆衝突美感值得造訪。

林口水牛坑

地址	新北市林口區西部濱海公路 625 號
開放時間	全天開放
交通	搭乘新北市 F236 公車至「林頭厝站」，步行約 2 分鐘
門票	免費

地圖

停車	附近空地均能停車
年齡	0 歲～成人
參觀時間	1 小時

新店、烏來區

瑠公公園 P.160 ●

騰龍御櫻 P.164 ●

● 青立方農場 P.163

● 銀河洞瀑布步道 P.161

🚇 新店站

和美山步道 P.159 ● ● 碧潭 P.157

踩著天鵝船悠遊碧潭

浪漫粉櫻簇擁 101 美景

新烏路 P.165 ●

漫步老街學習部落文化

● 烏來老街 P.168

內洞森林遊樂區 P.166 ●

碧潭踩船、步道漫遊，台北近郊小旅行！

碧潭 ▶ **和美山步道** ▶ **瑠公公園**

> 親山近水的碧潭可分為山線與海線的不同玩法，甚至可與烏來規劃兩日遊行程。讓我們試著在舊景點裡玩出新花樣，看見碧潭的不同風情。

碧潭

戶外景點

　　碧潭曾經被稱為台灣八大景之一，風景秀麗，鄰近捷運新店站，是台北市民散心遊憩的好去處。由於湖水碧綠，湖面如鏡故取名為碧潭，橫跨湖水的吊橋長約 200 公尺，如一抹長虹優雅地連結左岸的和美山。

　　右岸規劃一整排的景觀餐廳，遊客可以享用美食佐美景，另有不少裝置藝術如愛神小天使，為碧潭增添不少可愛童趣。

　　望著水面，一艘艘可愛的天鵝船盈滿親子的歡愉笑聲，交織成一片熱鬧景色。鬼斧神工的大自然在碧潭湖畔雕砌出幾塊平整的山壁，被稱為小赤壁，入夜後點燈更添壯麗氛圍，踩船便可以近距離欣賞其英姿。

　　除了日常美景，碧潭每年更規劃不少活動，例如水舞秀固定於 3 月初～至 4 月底於碧潭右岸登場，水舞婆娑起舞如花火，搭配氣勢磅礡的音樂及璀璨的燈光，真是嘆為觀止。而碧潭地景藝術節更請來 15 公尺寬的幾米月亮，白天看來天真可愛，夜晚散發溫暖的光芒，療癒人心！雖然活動早已落幕，但讓人看見碧潭的多變玩法，搭乘捷運就能輕鬆悠遊，堪稱完美的台北近郊旅行。

碧潭

地址	新北市新店區新店路
電話	02-29132579
營業時間	全天開放
交通	捷運新店線「新店站」出站左側
門票	免費

地圖

停車	捷運新店站轉乘停車場
年齡	0 歲～成人　　　參觀時間　2～3 小時

哺乳室
（捷運新店站）

尿布台
（捷運新店站）

嬰兒車
友善環境

戶外景點

和美山步道

　　和美山位於碧潭左岸，登山口就在碧潭吊橋旁，夏季還有螢火蟲可看。海拔只有 152 公尺，加上登山步道平緩，階梯舖設平整，是一條闔家歡樂的路線。特別的是，和美山步道就像北捷一樣分為藍、綠兩線，藍線為親水步道代表，沿途景點有太白樓、真愛碼頭、雙心坪、箴言階梯、眺望平台；綠線則為山線，景點包含幸福碧潭樂園舊址、幸福廣場及和美山頂。

　　若是時間有限的人建議走藍線親水步道，風景較為優美。蔥鬱綠意的景致搭配修築平整的步道，一整個輕鬆寫意又好走。加上海拔不高，與台北都會區有著適切的距離，隔開惱人的喧囂與擁擠，在這裡劃出一片清幽靜美，真是出外踏青、親子旅遊的忘憂秘境。

　　往新店渡方向，來到藍線親水步道後的景致更加優美，青山綠水一覽無遺，走起來更是舒適宜人。走到灣潭新店渡後，看要搭乘人力擺渡船橫越新店溪回到碧潭右岸，或是原路折返走回登山口，單一路線往返時間約 80 分鐘。

和美山步道

地址	新北市新店區碧潭路 11 號	
電話	02-29132579（捷運新店站旅遊服務中心）	開放時間　全天開放
交通	捷運新店線「新店站」出站左側	門票　　　免費

地圖

停車	捷運新店站轉乘停車場
年齡	0 歲～成人
參觀時間	1 ～ 2 小時

瑠公公園

戶外景點

　　瑠公公園是新店第一座親子公園，以攀爬為主題，遊戲區內有超高人工岩場、樹屋大型攀爬網、旋轉架及音樂敲擊板。攀爬網可說是瑠公公園的主角，外圍由六根攀爬架撐起大片的攀爬網，小朋友得想盡辦法爬上中間的樹屋，聽起來很簡單對吧。難度在於攀爬網有單索、橋狀及網狀等不同造型，只要有人搖晃繩索，其他人也會受到影響，相當考驗小孩的手腳協調能力。

　　每個小朋友自己思考不同的路徑，努力的抓穩繩索踩穩步伐，不斷的挑戰，讓爸媽看到孩子的成長。多人同樂的旋轉架，一般玩樂方式多是在上頭攀爬或奮力奔跑轉圈圈，但有時速度較快，建議爸媽在旁注意，提醒孩子抓緊，若是小小孩請直接坐在裡頭的軟墊上較安全。

　　公園的另一側有一座塑膠溜滑梯，適合小小孩遊玩，一旁是成人健身器材，另一邊還掛著幾個呼拉圈可以免費借用。大小朋友都能在這裡找到適合的遊具，於城市的綠意森林悠閒度過下午時光。

瑠公公園

地址	新北市新店區北新路與中正路路口
開放時間	全天開放
交通	・捷運新店線「新店區公所站」2 號出口步行約 5 分鐘 ・捷運「七張站」轉乘公車龜山線或屈尺里線至「北新藝術廣場站」

地圖

停車	北新停車場
年齡	0 歲～成人
參觀時間	1 ～ 2 小時

嬰兒車友善環境

銀河洞、千本櫻，新店仙氣秘境

銀河洞瀑布步道 ▶ **青立方農場** ▶ **騰龍御櫻**

銀河洞瀑布步道只要 30 分鐘，就可看見銀河懸於天際。不遠處的青立方農場好像天空之城，騰龍御櫻春天粉櫻盛開，全覽台北 101 的景致太浪漫！

銀河洞瀑布步道

戶外景點

　銀河洞瀑布步道初始坡度平緩，步道兩側茂密樹蔭且幽靜。陽光從葉隙間灑落，清爽涼風吹來，風聲與蟲鳴鳥叫在山間迴盪，讓原本的煩躁思緒緩自沉澱，享受綠意的包圍與自我的對話。沿途步道階梯眾多且有青苔，請為小孩穿著防滑鞋子，提醒踩穩步伐緩緩前進，全家人相互加油打氣讓親子關係升溫，這也是我喜歡帶著小孩登山的原因，除了欣賞生態之美，更是自我挑戰。

　　越往深處，步道驟然陡升，走來頗為吃力，自登山口出發約 30 分鐘，就可看見銀白飛瀑自陡峭的山壁奔洩而下，路程不算長，可作為親子登山的入門訓練。瀑布在蔥鬱綠意中凌空劃出一抹優雅的弧線，一旁百年廟宇融入山壁，是台灣少見的景致，山壁上翠綠的蕨類與草木茂密而生，像是為廟宇撐起了華蓋，枝葉向外伸展垂落而下，彷彿置身仙境。

　　拾階而上，百年廟宇的樣貌逐漸清晰，即使白天，室內仍感昏暗，外觀牆壁因歷史久遠早已斑駁不堪或布滿青苔，讓人看見時光推移留下的痕跡。站在突出的山壁，背後是瀑布美景，綠意與仙氣交織成夢幻的景色。近距離感受瀑布的奔騰氣勢，猶如點點繁星自銀河劃過天際，銀河洞之名，或許由此而來。

銀河洞瀑布步道

地址	新北市新店區銀河路 68 號（新店銀河仙境福德祠）
開放時間	全天開放
交通	捷運新店線「新店站」轉乘新店客運綠 12 線公車至「銀河洞站」
門票	免費

地圖

停車	新店銀河仙境福德祠路邊區域、新店靈山媽祖廟前方停車場
年齡	6 歲～成人
參觀時間	1 ～ 2 小時

青立方農場

　　青立方座落於山坡之上，一整排的紅磚圍牆在綠意簇擁下，像是座小巧的山城，優雅的紅磚拱牆堆起笑顏，彷彿笑瞇了眼，熱情地迎接到來的旅人。些許斑駁的磚牆在略顯凌亂的花草映襯下，有種頹廢的隨性滋味，增添時光在此推移的滄桑感。

　　青立方農場分為室內戶外與一樓及二樓座位區，室內裝潢以華麗風格為主，陳列許多收藏品如陶瓷、畫作等，整體說來就像富豪的私人會所。親子家庭建議選擇二樓的陽台區，除了可以俯瞰園區及遠眺市區美景，也有較大空間能讓孩子走走看看，不致影響其他遊客。

　　餐點有午餐、下午茶輕食，以義式料理為主，是小朋友會喜歡的味道，建議先到銀河洞瀑布步道走走再來這裡用餐。此外，農場座落於新店山區，遺世獨立之感猶如天空之城。當夜幕低垂，天上繁星點點，站在圓形觀景台上，彷彿伸出手就能掬起星辰，與月亮共舞。

青立方農場

地址	新北市新店區銀河路 98 號
電話	02-22178768
營業時間	10:30 ～ 18:00
交通	捷運新店線「新店站」轉乘綠 12 公車至「銀河洞站」，步行約 15 分鐘
門票	免費

地圖

停車	餐廳附設停車場
年齡	0 歲～成人　　　參觀時間　1 ～ 2 小時

雨天ok!

餐廳推薦

騰龍御櫻

通往貓空的山林裡有座千本櫻的賞櫻秘境，浪漫粉櫻簇擁台北 101 的美景，你絕對沒看過。這裡如假包換是間餐廳，後方大片山坡地種植多種櫻花品種，加上可遠眺台北 101，假日時遊客如織。餐廳最有名的莫過於窯烤披薩，窯爐是老闆自行設計，可同時烘烤 10 片以上的披薩。

小木屋內溫馨簡約的裝潢，當陽光灑落，給人一種悠活的感受。窗外就是台北 101，老闆說若是天氣好，還能看到淡水的小坪頂、林口。來到戶外，令人震撼的美景呈現眼前，滿山遍野的櫻花將山頭舖蓋成粉嫩世界，艷紅山櫻花、粉嫩八重櫻、福爾摩沙櫻、純白吉野櫻，輪番上場。如果不是櫻花季節，這裡也適合喝杯咖啡佐窗外台北 101，外頭山坡地讓小孩練練腳力，作為假日踏青不遠遊的好去處。

騰龍御櫻

地址	台北市文山區老泉街 26 巷，與新北市新店區玉山路交界處
電話	02-82171147
營業時間	11:00 ～ 20:00；週一休
交通	捷運木柵線「萬芳社區站」或「七張站」轉乘公車小 11 至「大春山莊站」，步行約 10 ～ 15 分鐘，但班次少，候車時間長，建議自行開車前往較方便
門票	免費參觀，用餐低消一杯飲料
櫻花品種	寒櫻、山櫻花、八重櫻、昭和櫻、吉野櫻等

地圖

停車	山區道路狹窄，路邊請保持單向停車
年齡	0 歲～成人　　　參觀時間　1 ～ 2 小時

雨天 ok!

櫻花公路、瀑布步道,烏來老街親子遊

新烏路 ▶ **內洞森林遊樂區** ▶ **烏來老街**

春天粉櫻怒放,花園新城與櫻花公園鋪成櫻花公路,先到內洞森林遊樂區賞瀑布,再到烏來老街享用原民美食坐台車,烏來親山近水一日遊這樣玩!

新烏路

戶外景點

新烏路由新店往烏來,沿途美麗景色不斷,若是春天櫻花季,花園新城旁的車道就能望見成排櫻花,還有台灣藍鵲在枝頭輕躍,共讚春之美好,讓旅人帶著愉悅心情繼續前行;再遇見屈尺壩,河面的落差形成猶如小十分瀑布的景象。一旁的壩體流水奔騰,轟隆作響,不斷激起如人海撞擊礁岩的雪白浪花。

接著來到櫻花公園,小巧的公園裡種植20棵的寒櫻簇擁著涼亭。寒櫻又名三色櫻,純白櫻花清新脫俗,粉紅櫻花嬌嫩誘人,深紅櫻花媚態百生,將這小小公園染成一片嫣紅。越接近烏來,沿途蔥鬱溪谷裡流水涼涼,河道上奇形怪狀巨石林立,好似來到太魯閣的砂卡噹步道,蜿蜒前伸的橋樑在山林天際中劃出一道道的弧線,如此多變的風景,讓新烏路成為我心中全台最美公路前幾名,在這裡開車都成為一種享受。

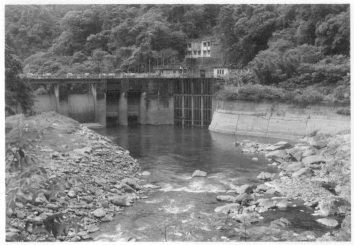

內洞森林遊樂區

戶外景點

　　一路來到內洞森林遊樂區，由於此處位於深山，考量山區天氣不穩定，且上午順光有助拍攝瀑布美景，建議行程規劃先訪內洞，返程再訪烏來。內洞森林遊樂區成立於1984年，擁有豐富生態，是北部低海拔溪流峽谷生態環境代表，南勢溪上游切開岩壁，形成陡峭壯觀的峽谷地形與園區內的瀑布是兩大欣賞重點。

　　園區內有三條步道，分別為觀瀑步道（全長1000公尺）、賞景步道（全長1500公尺）及森林浴步道（全長1700公尺）。其中觀瀑步道從大門入口直接通往內洞瀑布，沿途平緩，親子家庭推車都能輕鬆悠遊。兩旁盡是蔥鬱林木，高大樹幹和茂密的枝葉，成為適合生物繁殖的場域。頭上不時傳來搖晃樹枝的聲音，原來是成群的猴子在枝頭攀躍及覓食，難得機會遇見野生猴子讓小孩超興奮！

約 20 分鐘就來到樂水橋，這裡規劃觀瀑平台與休憩座椅，遊客可以坐在這裡欣賞眼前飛瀑景觀，還可呼吸芬多精及陰離子帶來的舒適放鬆之感。內洞瀑布共有三層，平台僅能看到下層瀑布和上層瀑布，不妨再走上一旁的賞瀑步道，讓你看見不同視角的景色。

賞瀑步道沿著瀑布而建，雖有階梯但不陡峭，在不同轉彎處看見瀑布流水的身形變幻，還能聽著流水與鳥鳴，給人沁涼入心的感覺。來到最上層的平台，俯瞰眼前猶如萬馬奔騰的瀑布，挾帶磅礡氣勢傾瀉注入深邃碧綠的池水，那震撼感讓它曾獲選全台最美瀑布。隨著陽光不時露臉，瀑布時而倒映萬點金芒，時而蒙上一層神秘面紗，著時讓人望著出神。

多虧這平坦步道使得內洞瀑布如此平易近人，假日踏青，全家人不妨來這洗滌身心靈一番吧。

內洞森林遊樂區

地址	新北市烏來區信賢里娃娃谷 46 號	
電話	02-26617358	
開放時間	8:00 ～ 17:00（平日）、7:00 ～ 17:00（假日）	
交通	捷運新店線「新店站」轉乘新店客運 849（往烏來）至「烏來站」	

地圖

門票	平日	假日	新北市民
	65 元	80 元	半價

停車	園區附設停車場
年齡	0 歲～成人
參觀時間	2 ～ 3 小時

尿布台

嬰兒車友善環境

烏來老街

戶外景點

　　烏來老街是北部少有的原民老街，逛老街前先到遊客中心，這裡有廁所、飲水機及手機充電服務，最重要還有免費泡腳池。烏來老街並不長，店家以餐飲業居多，個人推薦美食以小吃為主，現烤香腸氣味無法忍，手工製作的小米麻糬Q軟有咬勁，眾多口味任君挑選，烤好後熱騰騰的麻糬淋上滿滿的煉乳，甜滋滋好幸福。

　　漫步老街，記得參觀原住民文化博物館，館內展示泰雅原住民族的歷史淵源、傳統人文風貌、生活習俗、宗教信仰及祭典節慶等內容，適合親子家庭來這學習台灣部落文化。

　　接著來到烏來覽勝橋，橫跨南勢溪的它，串聯起烏來老街與對面山頭的溫泉街及臺車站。每天更有燈光秀映射出紫、紅、綠、藍等不同顏色的光線，成為老街新亮點。此外，橋身兩側還有「透明玻璃景觀平台」，讓人站在9公尺高的棧道，往下看見水流湍急的南勢溪。

走過覽勝橋來到烏來台車站，前往烏來瀑布路程約 5 分鐘，當台車行駛於鐵軌上不斷發出碰碰聲響，很像太平山的蹦蹦車。兩側僅用鐵鍊繫上，帶著小孩出遊的爸媽，千萬注意不要讓小朋友將頭、手伸出車外，以免發生危險。

下車後很快就來到瀑布面前，烏來瀑布海拔標高約 150 公尺，落差約 80 公尺，是北台灣最具規模、落差最大的瀑布。瀑布如絲綢從天飄落，柔順披覆在山壁之上，在日治時期有著「雲來之瀧」的美名，又稱「雲仙瀑布」、「白糸之瀧」。遊客不妨在這裡坐上一會，大口呼吸沁涼水氣與芬多精，彷彿為自己重新充滿能量。欣賞完瀑布後，個人建議步行下山，沿途有廁所，全家人慢慢而行，約 30 分鐘即能回到老街。

烏來遊客中心

地址	新北市烏來區烏來街 45-1 號
電話	02-26616355
開放時間	9:00 ～ 18:00
交通	捷運「台北車站」、「新店站」、「景美站」、「公館站」等搭乘新店客運 849 至「烏來站」
門票	免費

地圖

停車	烏來立體停車場
年齡	0 歲～成人
參觀時間	2 ～ 3 小時

 哺乳室
 尿布台
 嬰兒車友善環境

清涼一下開心打水仗

古鐘樓公園

手信坊創意和菓子文化館 P.184 ●

● 永吉公園 P.174

鶯歌陶瓷博物館

● 古鐘樓公園 P.173
● 鶯歌陶瓷博物館 P.171

老街美食 & DIY 體驗

東道飲食亭 ●
P.182

● 禾乃川國產豆製所
P.183

● 三峽皇后鎮森林
P.180

● 大寮茶文館 P.178

森林遊樂區輕鬆漫遊

滿月圓國家森林遊樂區 P.176 ●

鶯歌親子公園大混戰，一起同樂玩水去

鶯歌陶瓷博物館 ▶ 古鐘樓公園 ▶ 永吉公園

鶯歌親子公園推陳出新，有結合歷史建物的古鐘樓公園，也有可玩水的永吉公園。陶瓷博物館每到夏天開放的戲水池，更是不可錯過的景點。

鶯歌陶瓷博物館

雨天ok!

　陶博館以清水模、鋼骨及大量透明玻璃建構而成，利用圍牆隔絕繁忙的街景，也框住遊客的目光，給人厚重質樸的感受。往前走，入口往內退縮成一條筆直的道路，兩側的水池緩緩流動，水面倒映著粼粼波光，也給人些許清涼感受。

　室內大量的玻璃，營造視線通透感，以及引進陽光灑落，採光更加明亮。深色的鋼骨線條，引領著遊客的視線無盡延伸，井然有序的縱向排列，向上撐起館內的高挑空間；優雅迷人的橫向弧線，左右交織成館內的清透窗扇，讓人看見戶外的盎然綠意或是湛藍晴空。

　二樓常設展以台灣陶瓷發展為主，陳列陶瓷品的過去與未來，透過圖文、影像與互動科技，塑造各種展示情境，遊客可沉浸在陶瓷的悠久文化。對親子家庭而言，陶博館常會配合暑假推出適合兒童參觀的展覽，例如扮家家酒，小孩玩得超開心。

　　你以為陶博館只有靜態展覽可看？每到夏天就會開放戲水池，水深只到成人腳踝，不用擔心小小孩會有危險。池內有噴泉、圓球裝置，小孩打水仗或玩水都超盡興。水池後方是沙坑區，有棚子，這樣水陸兩棲又安全的環境，全家人皆能徹底放鬆。

鶯歌陶瓷博物館

地址	新北市鶯歌區文化路 200 號
電話	02-86772727
營業時間	平日 9:30 ～ 17:00、假日 9:30 ～ 18:00，每月第一個週一休
交通	・捷運板南線「國父紀念館站」轉乘公車 939 副，或「永寧站」轉乘公車 917 至「陶瓷博物館站」 ・「鶯歌火車站」下車，從文化路出口出站右轉，步行約 10 分鐘
門票	80 元

地圖　　官網

停車	附設停車場、民營付費停車場
年齡	0 歲～成人　參觀時間　2 ～ 3 小時

哺乳室　　尿布台　　嬰兒車租借　　嬰兒車友善環境

古鐘樓公園

戶外景點

　　古鐘樓公園融合日據時期火警通報所建的古鐘樓為設計意象，打造一座三層樓高的遊戲塔，想要抵達最高樓層，還得通過攀爬網的挑戰，激發小孩的闖關慾望，玩起來也更有趣。

　　鐘樓規劃三座不同材質與曲度的溜滑梯，分為磨石子、彎曲金屬及水管造型，小孩爬上爬下玩得不亦樂乎。鐘樓下方擺放可供幼童玩樂的遊具，大小朋友在這裡各自尋得樂趣。而另一側還有沙坑、盪鞦韆、攀爬網、水管隧道等，孩子可以通力合作玩沙，或是在水管秘密基地玩起火車過山洞，又或是馬力全開在障礙裡追逐玩樂，都讓這裡充滿天真笑語。

古鐘樓公園

地址	新北市鶯歌區文化路 325 巷 3 號（鶯歌福德宮巷內走到底）
開放時間	全天開放
交通	「鶯歌火車站」下車，出站往右沿著文化路步行約 5 分鐘
門票	免費

地圖

停車	館前路停車場、鶯歌福德宮停車場（距離最近，但車位不多）
年齡	0 歲～成人
參觀時間	1 ～ 2 小時

嬰兒車友善環境

永吉公園

戶外景點

　　永吉公園橫空出世，讓鶯歌親子公園陣容更加強大。兒童遊戲場的入口就能看見可愛的公仔熱情歡迎，背後那片彩繪牆相當搶眼，好像走入傑克與魔豆的童話故事。這片彩繪牆除了是拍照打卡景點，也為公園添上鮮豔色彩，和孩子們的笑聲交織一片歡樂氣氛。

　　公園裡佔地最大的遊具莫過於「三層樓高的迴轉溜滑梯」，兩個是金屬材質、一個是塑料溜滑梯，這三個都是迴轉溜滑梯，所以減緩了下滑的速度，溜起來相當安全。旁邊的金屬寬面溜滑梯，波浪造型看來很時尚，不過中間有緩坡減速區，所以速度也不會太快，各年齡層的小孩都適合使用。小朋友還可手拉手一起溜，多人同樂，趣味加倍。

蝴蝶造型的鞦韆區共有四種樣式，一般型、多人同樂圓盤型、安全座椅型，底下舖的是沙坑，需提醒孩子別因為玩沙而靠近鞦韆，避免受傷。我家小孩最愛的就是溼式沙坑，簡單說就是獨立的沙坑區設有打水器及水閘門，想玩水的小孩自己打水，關上閘門後就變成水池，把水放掉後就變成泥巴區。

公園裡頭還有個季節限定的美景，就是每年 12 月至隔年 2 月的炮仗花季，搭配腳下的 3D 彩繪步道，逼真的立體效果讓人拍出有趣的照片。等到三鶯線通車後，就可直接搭捷運來這玩水囉。

永吉公園

地址	新北市鶯歌區鶯桃路 294 號
開放時間	全天開放
交通	「鶯歌火車站」轉乘公車 5005 至「大益站」
門票	免費

地圖

停車	公園旁有收費停車場
年齡	0 歲～成人
參觀時間	2 ～ 3 小時

嬰兒車友善環境

森林親子館、日式茶空間，三峽秘境旅

滿月圓國家森林遊樂區 ▶ **大寮茶文館**

> 滿月圓森林遊樂區內有五條步道，可自行挑戰，遊客中心化身森林親子館好好玩。日式茶場改建而成的大寮茶文館，為你送上茶香佐人文氣息。

滿月圓國家森林遊樂區

戶外景點

　　滿月圓國家森林遊樂區變身成為親子踏青的好去處，入口處售票亭至遊客中心這段道路分為柏油路與碎石子路，就算推車也能輕鬆漫遊。沿途蔥鬱的綠意為旅人張開雙臂遮去日光，伴著溪流的潺潺水聲，走來份外輕鬆！

　　沒多久就來到遊客中心，由「蝴蝶館」、「溪流館」及「森林館」組成，展示不同主題，更規劃數位互動體驗，將大自然搬到室內，建議預留一小時以上的時間，不然小孩絕對和你拔河不肯走。

　　「森林館」展示森林的豐富生態，包含不同樹種及鳥類標本，備有飲水機及插座方便遊客休憩使用。「蝴蝶館」以蝴蝶為主題裝飾，裡頭有童書繪本、拼圖遊戲、森林影展及繪圖體驗等。「溪流館」裡頭介紹滿月圓附近河流生態，地板畫上溪流圖案，搭配上的植物，彷彿化身為森林裡的親子館；更有數位體驗，將圖板放在裝置上面，螢幕就會出現對應的動物，讓小孩玩得超開心！

離開遊客中心，我們繼續往瀑布前進，原本我以為滿月圓的步道，都像健行步道那樣平坦，甚至可以直接推車推到瀑布面前，結果後半段都是階梯無法推車，但我硬將三輪車當成越野車，走在階梯外圍的碎石子上一路咚咚咚的衝上去。

若是時間有限，或帶著幼兒只能挑選一處瀑布步道的人，建議直取處女瀑布，因為距離較近且視野沒有遮蔽，可以一覽瀑布全貌。

好不容易抱著兒子來到處女瀑布前，眼前如同一片簾幕宣洩而下，氣勢磅礴，更激濺出清涼水氣與大量負離子，沁涼入心，倍感舒暢。光影在水瀑中不停變換，更在瀰漫水氣中折射形成絢麗虹彩，忽隱忽現，像是虛幻美景般令人驚艷。此時，我忽然體認到抱著兒子走上這趟山路實在值得！

滿月圓國家森林遊樂區

地址	新北市三峽區有木里 174-1 號
電話	02-26720004
營業時間	園區：平日 8:00 ～ 17:00、假日 7:00 ～ 17:00 遊客中心：平日 8:30 ～ 17:00、假日 8:00 ～ 17:00；每週二休
交通	捷運板南線「永寧站」搭乘公車 812 至「三峽一站」，再轉乘 807 至「清水橋站」

地圖

全票（平日）	全票（假日）
80 元	100 元

停車	園區附設停車場
年齡	0 歲～成人
參觀時間	3 ～ 4 小時

嬰兒車友善環境　至遊客中心前適合嬰兒車

餐廳推薦

大寮茶文館

　　隱藏於三峽的一處茶香秘境，即使假日也沒有太多人潮，輕倚著老樹的日式老屋，裡頭陳列茶場舊文物與包裝精美的茶葉，剩下的就只有悠悠歲月的溫暖觸感與清新茶香。

　　1899 年，日本三井合名會社來台拓展茶園，於三峽竹崙地區設立大寮茶場，當時日本場長的宿舍，也就是大寮茶文館的前身。後來由台灣農林接手，以舊修舊的工法保留日式建築特色，黑簷木瓦、日式基座通風口及圓窗設計，讓這裡充滿濃厚的日式風味。

　　茶文館雖然位於三峽山林深處，但從台北開車也不過 40 分鐘即可抵達，沿途經過不少觀光景點，適合規劃台北近郊一日遊。例如春天可以搭配熊空櫻花林來賞花，夏天則可來趟皇后鎮森林玩水之旅，秋冬之際可至熊空茶園漫步森林步道。

拉開推門，館內陳設有關台灣農林的歷史發展，從百年紀事、茶廠分布圖，乃至有機茶園的種植都有詳實解說。館內陳列各式造型典雅質樸的茶壺器皿，以及這木魚吊飾，很像日本北國冬天會使用的地爐，藉由眼前畫面回味旅行的時光。包裝精美的茶罐、茶葉則是遊客可採買的伴手禮。一館約有三處空間，都有大片窗戶落進明亮陽光，斜對面的二館以日式榻榻米為主，備有矮桌加上禪墊，小小孩可以到處爬不怕撞壞店家的器皿。

茶文館主要提供品茶與茶點，起司雪紡蛋糕鬆軟口感帶點淡淡鹹香，在嘴裡慢慢化開一股軟綿，搭配冷泡茶，兩者平淡相互襯托是個簡單的滋味。相較之下，貝果較為紮實有嚼勁，搭配蜂蜜醬多些甜膩滋味。在這小小的一方天地裡，享受全家人出遊的樂趣，更令人印象深刻！

大寮茶文館

地址	新北市三峽區竹崙路 140 號
電話	02-26681928
營業時間	週二～五 10:00 ～ 17:00、假日 10:00 ～ 17:30；週一休
交通	建議自行開車，導航設定大寮茶文館
門票	免費

 地圖　　 官網

停車	館方附設停車場
年齡	0 歲～成人
參觀時間	1 ～ 2 小時

 雨天ok!

森林泳池、老街美食，吃喝玩不停

三峽皇后鎮森林 ▶ 東道飲食亭 ▶ 禾乃川國產豆製所 ▶ 手信坊

三峽皇后鎮森林玩水再到老街吃美食，接著到手信坊文化館日式造景，讓你穿越京都，還可免費試吃、喝咖啡，以及和菓子 DIY，行程超豐富。

三峽皇后鎮森林

戶外景點

　　皇后鎮森林算是老字號景點，但是店家持續推出新活動及維持優美環境，人氣始終不減。園區內一棟棟的房子倚著樹木高低錯落，大人在這裡野餐享受美食，小孩光著腳丫子在草皮上奔跑，享受腳底傳來泥土的鬆軟，大口呼吸青草香。這裡有間森林手作屋，親子共同動腦創作獨一無二的紀念品，裝滿此行的甜美回憶。

　　再往前，終於看見皇后鎮森林的主要建築物：森林咖啡館，二樓是室內用餐環境，一旁有間烘焙坊，所販賣的麵包深獲好評。

　　穿過咖啡館，遊客悠閒的坐在池畔旁的露天座椅，聽著悠揚的歌聲，搭配後方的泳池，你不説，我還以為來到峇里島的五星級飯店呢。來自天然的山泉水，加上 24 小時的自動流水循環系統，讓泳池的水質保持乾淨清澈。不過這裡玩水要另行買票，每人 100 元可以玩上一整天。

　　皇冠游泳池優雅的造型融入周圍綠意，更顯森林泳池的夢幻浪漫。泳池分為兒童戲水池和大人池，池畔有救生員環顧四周，讓大人小孩都能在炎炎夏日裡享受沁涼感覺。

　　最後來到園區後方的動物區，與可愛小羊來個親密互動，值得花上大半天時間在這好好享受假日時光。

三峽皇后鎮森林

地址	新北市三峽區竹崙里竹崙路 95 巷 1 號
電話	02-26682591
開放時間	平日 10:00 ～ 18:00、週六 9:00 ～ 21:00、 週日 9:00 ～ 20:00；週三休
交通	捷運板南線「永寧站」轉乘公車藍 45 至「皇后鎮農場站」； 「新店站」轉乘公車 779 至「大成二站」，步行約 10 分鐘

地圖　　　官網

門票	全票	半票	游泳池戲水票
	100 元	50 元	100 元

| 停車 | 園區附設停車場 |
| 年齡 | 0 歲～成人　　參觀時間　3 ～ 4 小時 |

嬰兒車
友善環境

餐廳推薦

東道飲食亭

　　三峽老街景點多，美食也不少，除了金牛角麵包之外，若是想要享用正餐的人就來「東道飲食亭」吧。一進門就被眼前這復古環境及氛圍所吸引。入口櫃台掛著黑松汽水、菸酒專賣的老式招牌，玻璃櫃裡擺放著台灣早期的小物及照片，維持著店內一致的懷舊 tone 調。

　　店內到處都能看到老舊電影海報，或是早期家居用品作妝點，對我這個六年級生而言，真有種滿滿的熟悉感。入口處附近有個獨立包廂，裡頭有台笨重的老式電視機、早已鏽蝕的電風扇，玻璃櫃裡有各式小巧的大同電鍋，處處充滿了老舊氛圍。

　　招牌排骨飯一端上桌就聞到撲鼻的香氣，選用黑豬肉，扎實具嚼勁，佐以黑胡椒、醬油及祕傳藥膳醃漬後下鍋油炸。咬下後肉汁四溢，除了沾附肉燥的鹹香，還有明顯的排骨甜味，不膩口，不愧是店內的招牌。

　　陳皮露、麵茶粉圓冰，古早味的消暑聖品喚醒過往記憶，麵茶香甜的滋味搭配 Q 彈的粉圓，吃起來兼具口感與香氣，適合喜歡嚐鮮或是古早味的朋友。

東道飲食亭

地址	新北市三峽區仁愛街 7 號
電話	02-86715692
開放時間	11:00 ～ 21:00；週二休
交通	公車 702、778、779、802、807、885、908、910、916、5001、5005 至「三峽國小站」

地圖

停車	三峽國小地下停車場
年齡	0 歲～成人　　　參觀時間　1 ～ 2 小時

雨天ok!

禾乃川國產豆製所

　　合習聚落的前身是三峽第一間外科醫院：愛鄰醫院，2017 年重新整修舊醫院，重現獨特的歷史氛圍，並透過共同合習串連在地資源，讓工藝達人、小農店家、社區學校等相互合作，成為一處發展社區產業和職人培育的學習空間。洗石子牆圍起的中庭空間充滿綠意，每個隔間都是一處手工坊，包含金工業、皮革工坊、木雕、花藝手作等，更有可愛字牌讓遊客打卡留念。

　　其中「禾乃川國產豆製所」堅持簡單純淨的原則製作豆製品，相較於豐富品項，空間簡單沒有太多擺設。隔著透明窗可以看見店家製作產品的過程，沒多久，氣味香醇的京都白玉豆花就上桌了。

　　豆花配料有紅豆、花豆、抹茶粉、湯圓等，看湯圓漂浮在糖水上頭超療癒。而本體鹽鹵豆花吃起來和一般豆花略有不同，表面較多氣孔，但入口卻很綿密滑順，充滿醇厚豆香與抹茶香氣。整體滋味豐富有層次，值得推薦。

禾乃川國產豆製所

地址	新北市三峽區民權街 84 巷 12-1 號
電話	02-26717090#207
開放時間	週一～日 10:00 ～ 18:30
交通	公車 702、778、779、802、807、885、908、910、916、5001、5005 至「三峽國小站」

地圖

停車	三峽國小地下停車場
年齡	0 歲～成人　　　參觀時間　1 小時

雨天ok!

手信坊創意和菓子文化館

距離三峽不遠處的土城聚集不少觀光工場，其中可以免費吃喝玩樂的首推手信坊，戶外空間有好幾尊公仔娃娃，大頭造型呆萌表情熱情迎接每一位遊客。入口處文化走廊佈置鳥居、紙燈籠、櫻花及手水舍，充滿濃厚日式氛圍，也是網美打卡偽出國的景點。

走廊兩側有不少體驗活動，例如寫滿祝福的祈願文、介紹日本米食文化，以及各種日式和菓子的展示窗，小孩不出國就能品嘗美味及學習異國糕點知識。

走入門市部，琳瑯滿目的各式餅乾、甜點都免費提供試吃，店家還貼心準備咖啡及茶飲用。賣場後方的花見小町點心舖，販賣泡芙及蛋捲等，不時聞到誘人的奶香味。

若有空，可以來到二樓參加和菓子DIY 體驗，先將麵團壓模作出造型再放入餡料，最後到三樓走走逛逛，這裡有迷你溜滑梯、跳跳馬等適合幼兒的遊具。

手信坊創意和菓子文化館

地址	新北市土城區國際路 55 號
電話	02-82620506
營業時間	8:30 ～ 17:00，3 樓手信茶坊僅有週末營業
交通	捷運板南線「江子翠站」或「新埔站」轉乘公車 657、藍 17 號；「土城站」3 號出口轉乘公車藍 17 號，皆至「手信坊文化館」，步行約 5 分鐘
門票	免費

地圖　　官網

停車	館方附設停車場
年齡	0 歲～成人　　　參觀時間　1 ～ 2 小時

新山夢湖 P.195

柯子林游泳池 P.189

享受魚兒 SPA 樂趣

拱北殿 P.193

外拍打卡熱門景點

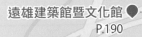

遠雄建築館暨文化館
P.190

姜子寮絕壁步道 P.186

康誥坑溪 P.192

茄苳瀑布 P.188

瀑布步道、食人魚游泳池，汐止玩水秘境

姜子寮絕壁步道 ▶ 茄苳瀑布 ▶ 柯子林游泳池

汐止玩水景點三連發，親水步道望見陡峭絕壁，天然游泳池享受被魚兒啃腳皮的樂趣，以及一下車就抵達的秘境瀑布，大家換上裝備來玩水囉。

姜子寮絕壁步道

戶外景點

　　姜子寮絕壁步道從停車場到入口都是平坦的柏油路，走來一點都不費力，若是晴朗天氣，蔚藍的天空與兩側生氣勃勃的綠意，在在給人心曠神怡的感受，約略 20 分鐘就能抵達入口。

步道階梯不算多，石塊舖面平整，但步道比較狹窄，可以將推車放在入口和孩子牽著手前進，欣賞步道旁的溪流泛著耀眼金芒奔流而下的景觀。

沒多久就能看見姜子寮瀑布，小小的水量從斜坡宣洩而下，為畫面注入活力與動感。繼續前行，不過 10 來分鐘就抵達步道終點。絕壁處設有休息平台與座椅供遊客在此休憩，抬頭即可望見這巍峨的山壁，晴空萬里之下，山壁稜線勾勒出壯麗的景致。

休息後，循原路回到姜子寮溪，看著整齊排列的攔沙壩就像層疊的小瀑布，讓人想親身感受那一絲清涼。走下階梯來到溪畔，溪流被攔沙壩分流出一道道宛如絲縷般的流水，美不勝收。提醒你，玩水前請注意天氣狀況以及石頭溼滑，請勿直接踩在上面避免摔倒。

姜子寮絕壁瀑布步道

地址	新北市汐止區姜子寮路 61 巷（姜子寮福興宮）
開放時間	全天開放
交通	「汐止火車站」搭乘公車 F905 或 F920 至「姜子寮路口站」，往前來到姜子寮公園，再依循絕壁步道指標步行約 30 分鐘
門票	免費

地圖

停車	姜子寮福興宮旁的路邊、附近的自助洗車區有停車格
年齡	0 歲～成人
參觀時間	1 ～ 2 小時

茄苳瀑布

戶外景點

　　汐止有一處隱藏於民居後山的秘境茄苳瀑布，3 分鐘就能玩水，超輕鬆也太夢幻。步道入口處有一涼亭，從涼亭小路走進去沒多久就是第一層的瀑布，這裡水深約 120 ～ 150 公分，水裡有不少魚兒悠遊。再往上走約 2 分鐘就來到第二層瀑布，這裡較為寬闊，水深為 100 ～ 120 公分，較適合小孩玩水。從下車到玩水只要 3 分鐘，還送你美麗森林與三層瀑布。

　　茄苳瀑布是大尖山系最具規模的瀑布，高約四、五層樓，分有數層瀑布，水量充沛的銀白瀑布在下方形成一潭池水，環境清幽，不時有蝴蝶與豆娘翩翩飛舞。第二層瀑布水池較寬，但小魚較少，女兒索性玩起打水漂的遊戲。

　　再往上頭走去，很快就來到第三層瀑布，但這裡腹地小，不適合玩水，且有摔落的危險，小孩請留在第二層瀑布即可。再往上其實有個隱藏第四層瀑布，但得靠抓取繩索攀爬才能抵達，請考量自身狀況再行前往。環狀的第四層瀑布，流水不斷傾瀉而下濺起晶瑩剔透的水花，很有秘境感。

茄苳瀑布

地址	新北市汐止區秀山路 2 號（馥記山莊後約 1.5 公里處）
電話	02-26411111（汐止區公所）
開放時間	全天開放
交通	前往茄苳瀑布請將導航設定為馥記山莊，和警衛說要去瀑布就可進入，接著沿社區主要道路遇到第二個哨亭，左轉就會離開山莊來到產業道路，繼續前行約 10 分鐘
門票	免費

地圖

停車	路邊白線區域
年齡	0 歲～成人　　　參觀時間 1 ～ 2 小時

柯子林游泳池

戶外景點

　　天然溪流加點巧思成了百米游泳池，池底更有許多小魚免費幫你啃腳皮去角質，一處私人景點卻免費開放遊客玩水，這就是柯子林游泳池。

　　柯子林游泳池位於汐止汐萬路三段，建議由柯子林茶莊步行前往較佳，約 10 分鐘即可抵達，一旁有置物架可擺放個人物品，但貴重物品請上鎖或自行保管。

　　放眼望去，游泳池分為上下游，中間利用隔板形成小小瀑布的落差視覺感，也延長整條泳池的長度。雖然這裡都有晨泳會的成員可充當臨時救生員，但上游最深的地方約有 150～160 公分，仍得隨時注意孩子狀況避免危險發生。

　　溪水冰涼，可先將雙腳泡在水裡，沒多久，餓壞的魚兒就蜂擁而上啃食遊客的腳皮，可享受免費去角質 SPA 服務。

　　碧綠池水倒映周圍綠意，不時看見遊客手起刀落，不是，是展現帥氣泳姿，還能與魚兒共遊，堪稱五星級水道。由於溪水不像海水那樣黏膩，喜愛游泳的朋友不要錯過了。若是攜帶寵物或幼童的人，則可到下游戲水，這裡水深較低，也比較安全。柯子林位於山區，出發前請查明天氣預報，挑選晴天前往較能玩得盡興。

柯子林游泳池

地址	新北市汐止區汐萬路三段 306 號（柯子林茶莊）
開放時間	全天開放
交通	建議自行開車，導航可設定柯子林茶莊，由此步行前往
門票	免費

地圖

停車	路邊白線區域
年齡	2 歲～成人
參觀時間	1～2 小時

嬰兒車友善環境

小小建築師、春櫻秋楓、空靈夢湖，原來汐止這樣玩！

遠雄建築館暨文化館 ▶ 康誥坑溪 ▶ 拱北殿 ▶ 新山夢湖

康誥坑溪滿開粉櫻超誘人。秋季，空靈夢湖銀芒處處，拱北殿楓紅為大地染上鮮艷色彩。四季風情千變萬化，這才是汐止。

遠雄建築館暨文化館

雨天ok！

　遠雄建築館位在汐止 iFG 遠雄廣場 4 樓，整棟大樓結合室內賣場及親子景點，可作為雨天備案，進入館內首先來到時空走廊，以世界知名建築為主題，非洲的金字塔、亞洲的日本東大寺與台北 101，轉眼來到歐洲的巴黎鐵塔、希臘神殿及西班牙聖家堂，猶如環遊世界，期盼未來帶著孩子在世界各個角落留下一起走過的足跡。

　　接著來到台北上河圖，圖上建物多是日治時期的地名，手指輕碰螢幕就會跳出簡介，可了解台北許多古蹟建築散落於城市角落，繼續飄散著歲月的迷人味道。多媒體區則是必玩的景點，這裡有個圓形積木池可盡情組合，一旁的互動遊戲能自己設計房子，結束還能拿到認證書，只見每個小孩都相當投入打造與眾不同的夢想城堡。離開前，出口處有個勇闖遠雄島的互動遊戲，遊客扮演熊熊家族投擲骰子就能開始大富翁的遊戲，踩格子，超好玩！

　　同樓層另一展間不時舉辦特展，其他樓層的兒童遊戲樂園有許多付費設施，樓下則有美食與商場，不管是雨天或夏天來這吹冷氣都是不錯的選擇。

遠雄建築館暨文化館

地址	新北市汐止區新台五路　段 95 號 4 樓
電話	02-26971111
開放時間	10:00 ～ 18:00；週一休
交通方式	・捷運板南線「南港展覽館站」1 號出口，往伯朗咖啡館方向右前方停靠站搭乘公車 ・「汐科火車站」南站方向出口後步行約 10 分鐘
門票	免費

停車	iFG 遠雄廣場地下停車場
年齡	0 歲～成人
參觀時間	2 ～ 3 小時

 哺乳室　 尿布台　 嬰兒車租借　 嬰兒車友善環境

康誥坑溪

我從來沒想過台北有一條溪流是如此美麗，好像京都哲學之道，櫻花盛開，偶爾降下一場浪漫的粉色櫻吹雪，恍若夢境。這條秘境就緊鄰車流繁忙的新台五路，河畔有艷紅的山櫻花，令人期盼每年春天的到來。

這裡的櫻花種植在河堤內，蜿蜒的枝幹橫亙溪流，與娟秀含羞的櫻花形成明顯對比。橋下的石頭猶如琴鍵般方正有序的座落溪澗當中，隨著潺潺流水向下奔流，演奏出清脆悅耳的琴音。

往前有個小小公園，裡頭有溜滑梯、搖搖馬及翹翹板，小孩在這裡遊玩，大人就可悠閒賞櫻，共同感受春之美好，沒想到不必遠求，市區內就能拾起櫻花美景。

康誥坑溪

地址	新北市汐止區南興路 28 號（魚中魚貓狗水族大賣場 - 汐止店旁）
開放時間	全天開放
交通	・「汐科火車站」出站步行約 10 分鐘 ・公車 951（經新店）、藍 15（經南港）至「東方科學園區站」，步行約 5 分鐘
門票	免費

地圖

停車	IFG 遠雄購物中心；汐止昊天二停車場
年齡	0 歲～成人　　參觀時間　1～2 小時

嬰兒車友善環境

拱北殿

戶外景點

　　拱北殿是北部有名的賞楓景點，初次造訪卻發現廟宇的建築也相當好拍，例如入口附近的彼岸橋，無限延伸的遠景搭配石燈籠與楓葉，洋溢著濃厚的日式氛圍。步道旁的老樹向遊客遞出蜿蜒的枝幹，為人遮蔭送上涼意。

　　踩踏著片片落葉，腳下發出喀拉喀拉的葉片碎裂聲，惹得孩子玩興大起，不斷在橋身兩側折返跑。來到正殿，這裡能夠遠眺汐止街景與藍天綠意，黃色屋瓦在陽光照耀下閃爍著金黃光澤，紅瓦屋簷如巨龍盤踞在三秀山頭，壯麗的中式建築風格，也是楓葉之外的攝影題材。

　　接著往正殿左側走去，這裡有兩條路線可以環繞三秀山一圈，時間約 20 分鐘。因此，若是在一般季節來到拱北殿，單純尋求內心平靜或是登山健行，感受山林的靜謐或是享受閒適的氛圍，也是值得！

　　走過圓形廳，很快就抵達雙拱橋，圓弧的橋身造型搭配斑駁的磚石，看來的確獨具魅力，難怪成為北部賞楓名所。建議可以走上拱橋的上方，用俯拍的角度以拱橋為背景，也能更貼近楓葉，留住秋天最美的畫面。

拱北殿

地址	新北市汐止區汐萬路三段 88 號
電話	02-26461888
開放時間	6:00 ～ 18:00
交通	「汐止火車站」搭乘公車 F908 至「拱北殿停車場」，但回程必須步行下山至「拱北殿路口（土地公廟）」搭車回「汐止火車站」；或搭乘公車 F910 至「拱北殿路口（土地公廟）」，再步行約 15 分鐘上山
門票	免費

地圖　　官網

停車	拱北殿前停車場
年齡	0 歲～成人　　參觀時間　2 ～ 3 小時

新山夢湖

新山夢湖，一個優美的名字，其實新山與夢湖是兩個不同的景點，只是位於同一個入口而一併稱呼。新山夢湖地處偏遠加上道路狹窄，建議搭配附近景點，例如柯子林或拱北殿順遊再行前往。好不容易抵達入口後，這裡有間阿公小吃店，有需要的朋友買些食物到湖畔野餐也不錯。

步道舖設大塊石磚，寬度夠又平整，加上地形起伏不大，走來相當輕鬆。即使小小孩也不會因為上坡而連續抬腿覺得疲累，不到 10 分鐘來到轉彎處，已經可以看見前方泛著金芒的夢湖，真是條老少咸宜的親子步道。往下來到岔路，右側通往新山，左側則是夢湖。新山步道聽說得手腳並用才能攀爬而上，親子家庭可能不方便挑戰，有興趣的人則可考慮順遊，聽說風景極美。

　　往下走就來到夢湖，這裡其實是私人土地，早期曾有餐廳及展示館，但現已荒廢，僅餘下年久失修的愛心造景與木棧道，略顯滄桑，但荒廢的氛圍不失為另一種景致，讓夢湖成為婚紗或人像外拍的熱門景點。

　　夢湖的美在於充滿著空靈的氛圍，遠處山巒與近處枝葉深淺不一的綠意交疊舖陳，倒映在湖面使得湖水有著不同的漸層顏色。沒想到一處小小湖泊卻凝結了時間，讓人坐在湖畔望著天空與湖面享受放空的感覺。

新山夢湖

地址	新北市汐止區夢湖路
開放時間	全天開放
交通	「汐止火車站」搭乘公車 F908 至「烘內站」； 或 F910 至「夢湖路口站」，步行約 1 小時
門票	免費

地圖

停車	請一路直行至夢湖入口前 200 公尺有一處較大空地可迴轉，路邊單向停車
年齡	0 歲～成人
參觀時間	1 小時

朱銘美術館 P.200

中角灣國際衝浪基地 P.208

鹿羽松農場 P.198

靠北過日子 P.209

水尾漁港神祕海岸 P.506

去金山餵鹿玩水去

獅頭山公園 P.207

金山皇后鎮森林 P.202

台電北部展示館 P.204

飽覽金山海岸三大奇景

小鹿牧場、親子友善博物館，玩藝術戲水趣

鹿羽松農場 ▶ 朱銘美術館 ▶ 金山皇后鎮森林

> 不用出國去奈良，金山就能餵小鹿、綿羊豬。附近更有朱銘美術館
> 與皇后鎮森林，親子玩藝術，森林泳池露營車，來去金山住一晚。

鹿羽松農場

戶外景點

　　全台從北到南似乎吹起小鹿風潮，鹿羽松農場特色在於擁有大片山頭遍植落羽松，秋冬之際，落羽松轉為金黃至艷紅，是可愛動物以外的浪漫魅力。

　　來到園區，遊客得先到遊客中心購買門票，這裡有一群羊兒悠哉閒晃，不時跳到桌上，或是到處啃樹皮，另一邊的籠子裡關著熱帶草原貓，一下車就能和動物們來場互動，對小孩是相當難得的體驗。從店家手裡接過飼料，服務人員會詳細介紹動物及餵食哪種飼料。接著選擇搭乘店家的農用接駁車，或是自行徒步上山前往動物區。

第一站來到綿羊豬區，眼前這群來自匈牙利的綿羊豬是國寶級，身價高達 25 萬，只見小豬們搖著捲捲尾巴發出噗噗聲，摸摸牠們還會乖乖躺下，超可愛！

第二站是跳跳羊區，羊隻可以餵食胡蘿蔔及飼料，溫馴的小羊更適合小孩與之互動，輕輕撫摸或抱抱，都會玩得超開心。經過重重關卡終於來到最後方的梅花鹿區，體型碩大的梅花鹿其實會讓小孩略感壓力，請提醒孩子不要奔跑或大叫，避免嚇到鹿群而發生意外。雖然園區持續擴建，但這裡的空間大上許多，又能遠眺東北角海景，後續增加餐廳及其他設施後一定更好玩。

鹿羽松牧場

地址　　新北市金山區兩湖里倒照湖 23 號（玉菁花園旁）
電話　　0956020406
營業時間　週一～五 10:00 ～ 17:30、週六及週日 10:00 ～ 18:00
交通　　建議開車較為便利，google map 導航請設定 25.239188,121.599389

地圖　　FB

門票

全票	6 ～ 12 歲及 65 歲以上優待票	6 歲以下
200 元	50 元	免費

停車　　園區附設停車場
年齡　　0 歲～成人
參觀時間　1 小時

朱銘美術館

雨天ok!

　　原本以為朱銘美術館是個靜態展覽的景點，大廳那灰色挑高的弧形天花板，彷彿置身桃園機場給人旅行的期待與興奮感，快快跟著我來參觀這座宜動宜靜的美術館！

　　購票後先前往美術館商店，裡面販賣各式紀念品、書籍、玩具等，最有趣的是後方有個紙作藝品區，小孩可以先暖身小玩一下。走下階梯正式進入展覽場域，狹長的通道瞬間變成寬闊的展間。

　　來到戶外空間，首先前往小腳丫律動教室。這兩層樓的建築主要是提供探索及玩樂的地方，不定期更換的特展多半以親子探索為主題，鼓勵小孩動手作，用心體驗。一樓有廁所及盥洗室，不用擔心孩子在這裡弄得一身髒汙難清洗。來到二樓，這層有 A、B、C、D 四個展間，多樣主題可以陪伴小孩一起思考美學、創意與生活，凝聚家人的感情。

　　離開小腳丫律動教室，沿著步道欣賞沿途的石雕作品，朱銘僅用簡單的筆劃刻出人物的生動表情，好似能感受到這些軍人的疲憊感，聽見他們的吆喝聲，唯妙唯肖，令人讚嘆！

一路來到兒童藝術中心，這裡又是另一處兒童遊戲天堂。每年夏天開放的戲水池讓小朋友用手抓、用腳踩，超好玩，看他們的表情就知道玩的多滿足。水池的深度約在大人腳踝。一旁還有塗鴉牆，可以用水當筆在牆上作畫。水池旁有廁所和吹風機，設施相當完善，真的是小孩玩水的天堂。一旁的大嘴巴餐廳提供套餐，並設有彩色大書櫃，擺放各式各樣的童書、繪本、教養書等，可以和孩子一起度過共讀時光。

接著來到太極廣場，這裡陳列了朱銘最為人熟悉的太極系列作品，形無定招，形隨意轉，方寸之間呈現出圓滿、樸實的風格。園區最後方是美術館本館，2 樓主要介紹朱銘的作品起源，一樓則是「人間系列－芭蕾」，在燈光映照下，舞者優雅的肢體線條、抬腿、伸展，舉手投足皆泛著耀眼的光采，讓人看見力與美的完美詮釋。

外頭的人間廣場也是不可錯過的景點，人間系列作品是朱銘對人性的觀察入微，透過刀工，細心刻劃人物的鮮明表情，海空軍及飛機艦艇等模型，都讓眼前的作品彷彿有了生命。

沒想到朱銘美術館如此好玩，大片草皮可以盡情奔跑，夏天更有戲水池，兒童展館可透過五感體驗美感與生活的結合，在小小心靈中埋下藝術的種子，輕鬆就能玩上一整天。

朱銘美術館

地址	新北市金山區西勢湖 2 號
電話	02-24989940
營業時間	10:00 ～ 17:00；週一休
交通	捷運信義淡水線「淡水站」2 號出口右轉，於公車站第 5 候車區搭乘 716 北海岸線至「朱銘美術館站」

地圖　　官網

門票	全票	學生及 65 歲以上長者	6 歲以下
	350 元	320 元	免費

停車	館方附設停車場
年齡	0 歲～成人　參觀時間　3 ～ 4 小時

哺乳室　尿布台　嬰兒車租借　嬰兒車友善環境

金山皇后鎮森林

戶外景點

　　皇后鎮森林有兩處營地，最吸引人的就是那隱身山林的泳池，而新開的金山皇后鎮森林除了同樣擁有美麗泳池，更有露營車滿足想體驗大自然卻又懶得架帳篷、帶上一堆鍋碗瓢盆的朋友。

　　園區佔地超大，首先來到 QT 補給站，這裡提供露營基本裝備出租、烤肉食材及飲料販售，若要使用泳池也是來這購買票券。園區內環境優美，落羽松大道排列兩旁，好似在歡迎每位旅人造訪，想見冬天來臨時，由金黃轉為艷紅的限定美景，讓這裡一年四季都有不同樂趣。

　　接著來到玩手作教室，這裡可以選擇絹印、型染或彩繪的 DIY，很適合國小學童。在園區肆意漫步後，該是小朋友玩樂時間了，不少親子家庭都是為了玩水來到皇后鎮森林。眼前日不落玩水的水池擠滿了小孩，有的拿起水槍打水仗，或是坐在游泳圈上像是海賊王出航去冒險，每個人臉上都掛著笑顏，開心到笑彎了眼睛。園區內另有一處小沙坑，適合不敢玩水或是幼童在此挖沙，藉此親近自然。

　　玩累了若要在園區內用餐有三種選擇，光合 Bar 可用門票折抵輕食、飲料、冰淇淋、餅乾零食等；或是享用海盜鍋，裡面還附設小小兒童遊戲區；如果是多人前來，當然就來烤肉囉。

　　若要在這住上一晚，園區規劃露營車區域、風鈴木棧板區及草地區，遊客可自行選擇不同的住宿體驗。最豪華的首推露營車，一整排斜式屋簷遠遠望去頗有幾分合掌村的熟識感。車內空間不小，有客廳、臥室及上下舖，電視及空調一應俱全，乾濕分離廁所竟然還有免治馬桶，看起來就很舒服。更酷的是戶外有個磨石子溫泉池，小孩玩水大人泡湯超愜意。除了隔音較差之外，整體環境不輸高級飯店，適合作為露營的初體驗。

　　若是露營達人，就可直接考慮風鈴木棧板區，當夜裡燃起搖曳火光，聆聽蟲鳴鳥叫，讓星光陪伴孩子進入甜美夢鄉吧。

金山皇后鎮森林

地址	新北市萬里區大鵬里大鵬街 111 號
電話	02-24985050
營業時間	・4 ～ 10 月平日 9:00 ～ 19:00，週二休； 　週六 9:00 ～ 21:00、週日 9:00 ～ 19:00 ・11 ～ 3 月平日 9:00 ～ 18:00，週二休；週六 9:00 ～ 20:00、週日 9:00 ～ 18:00
交通	・於「台北車站」東三門搭乘國光客運 1815 至「天護宮站」 ・於台灣大學（羅斯福路）搭乘公車 1068 至「大鵬里站」或「大鵬派出所站」 ・捷運「淡水站」轉乘淡水客運 862 至「大鵬里站」，步行約 5 ～ 10 分鐘

地圖　　官網

門票	全票	玩水票
	100 元	100 元

停車	園區附設停車場
年齡	0 歲～成人
參觀時間	2 ～ 3 小時

嬰兒車友善環境

神秘海岸、衝浪勝地，金山親水景點

**台電北部展示館 ▶ 水尾漁港神祕海岸 ▶ 獅頭山公園 ▶
中角灣國際衝浪基地 ▶ 靠北過日子**

台電北部展示館免費參觀，互動遊戲多還能看 3D 電影。神祕海岸
步道望見美麗燭台雙嶼，再到中角沙珠灣踏浪玩沙！

台電北部展示館

雨天ok!

台灣電力公司為了讓國人了解核能發電的原理，以及基於安全性在萬里興建展示館，佔地遼闊，即使假日也不會擠滿遊客，是個能夠輕鬆參觀的景點。展示館外的貝殼廣場放置一個超級巨大的低壓汽輪機轉子，高傲地轟立在藍天之下，成為展示館的鎮館之寶。空地上可愛的公仔正在泡湯、拍照、吃冰，結合金山在地特色。

走入館內，一樓展示區主要著重於知識與資訊的傳遞。最引人注目的莫過於這座核子反應爐 1/2 模型，高達兩層樓，看來氣派雄偉。定期搭配聲光影音，兩側的螢幕會播放核能發電的原理與過程，同時反應爐的各部位會對照影片內容變換色彩及模擬發電流程，可以更容易理解展示內容。

　　一樓右側的時光走廊，分別展示台灣電力發展史及世界電力發展史。往前來到核電廠的細部模型，搭配模型或實物展示介紹反應爐產生熱量的流程，以圖文方式深入淺出讓遊客了解核能的知識。「緊急應變系統」好像走入科幻片場景，有個小遊戲要將爐心拿出，還會發出警報聲，營造緊張氣氛。另一邊有個輻射線寶寶互動表演，看他們演出可以了解不同輻射線的穿透特性，可愛逗趣。

　　二樓區域有互動遊戲區，潮汐發電、水力發電、太陽能發電、打造未來城市、手轉爬 101 大樓、跑步發電等，小孩可充分放電，累壞了就來 3D 電影院休息，或是吃個古早味枝仔冰消暑吧。

台電北部展示館

地址	新北市萬里區野柳里八斗 60 號
電話	02-24985112
開放時間	8:20 ～ 16:20；週一休
交通	・捷運「淡水站」搭乘淡水 - 基隆的淡水客運或基隆客運至「台電北展館站」 ・國光客運往金山的班車至「台電北展館站」；基隆客運 1068 線（經台灣大學→復興南路口）至「台電北展館站」
門票	免費

地圖　　官網

停車	館內附設免費停車場
年齡	0 歲～成人
參觀時間	1 ～ 2 小時

 哺乳室　 尿布台　 嬰兒車友善環境

水尾漁港神秘海岸

戶外景點

　神秘海岸聽起來很厲害，其實它位於金山區獅頭山公園下方與水尾漁港間，得由獅頭山往下走，或由水尾漁港沿海岸經巨大礁岩的石洞進入方能看見，因而稱為秘境。

　走下這片海岸最深刻的感受就是與大海的距離相當近，看著海浪不斷拍打著礁岩激盪出美麗的浪花，如同啤酒那層白沫給人沁涼的滋味。聽著不絕於耳的浪潮聲，彷彿海浪也撲上心頭，讓人感受到大海那澎湃的衝擊力道。

　走過一線天，來到神秘海岸的前半段，海岸布滿奇麗礁石與玫瑰岩，特殊的紋理質感刻劃出科幻電影的奇幻世界，讓小孩不斷驚呼，親眼見識大自然的造景之美。近處是高低錯落的岩石，遠方則是連綿的山脈。礁岩上舖滿了因東北季風帶來的綠藻，像是抹茶千層蛋糕，平整滑順，是這裡的限定美景，請提醒小孩不要踩踏綠藻喔。

　此外，岩石光滑，請記得牽好孩子的手，穿著防滑鞋子避免摔傷。海邊風大，海岸緊靠著大海，務必確認漲退潮狀況避免發生危險。

水尾漁港神祕海岸

地圖

地址	新北市金山區民生路 2 號（水尾漁港）
交通	・捷運「淡水站」轉乘公車 863 至「金青站」步行約 15 分鐘
	・捷運「淡水站」或「基隆火車站」旁，轉乘淡水或基隆客運至金山「郵局站」，步行約 20 分鐘
	・台北公園路公保大樓前，搭乘陽明山往金山的皇家客運至金山「郵局站」，步行約 20 分鐘

停車	漁港內外均有免費停車格，路邊也能臨停
年齡	5 歲～成人
參觀時間	1 ～ 2 小時

獅頭山公園

戶外景點

　　獅頭山公園位於海拔約 70 公尺的金山岬上，早期是軍事管制區，現在轉型為登山步道，園區內保留舊營房、碉堡、砲台，沿途自然生態豐富，不時又能眺望海景，是一條視野極佳且坡道平緩的森林步道，不管是嬰兒推車或長輩都能輕鬆造訪。

　　沿途不少岔路，喜愛冒險的朋友可以探訪深入叢林，其中這條好運道有可愛的彌勒佛像。若是像我帶著小孩的爸媽那就直接取大道直行，在綠意包圍下偶有海風吹來相當舒服，不過步道兩旁樹林茂密，請記得幫小孩塗上防蚊液。約略走了 20 分鐘，來到高點可以俯瞰金山磺港漁港，漁港內漁船不時來回穿梭，上演一部忙碌的討海人生。再往前，已可看見紅色涼亭以及遠處的燭台雙嶼，聽說燭台雙嶼佇立在海上已經百萬年，猶如一段戀人相知相守直至海枯石爛。

　　超輕鬆的獅頭山步道讓你一次飽覽「金山海岸三大奇景」，燭臺雙嶼、磺港漁火及水尾泛月。可以接續走下階梯前往神秘海岸，在海蝕平台區近距離欣賞大海與豆腐岩，但須注意漲退潮時間。

獅頭山公園

地圖

地址	新北市金山區磺港路 171-2 號
電話	02-24988980
開放時間	全天開放
交通	・捷運「淡水站」轉乘公車 863 至「金青站」 ・捷運「淡水站」或「基隆火車站」旁，轉乘淡水或基隆客運至金山「郵局站」 ・台北公園路公保大樓前，搭乘陽明山往金山的皇家客運至金山「郵局站」 ・國光客運台北總站搭乘台北往金青中心班車至「金青站」

停車	步道前附設停車場
年齡	0 歲～成人
參觀時間	1 ～ 2 小時

嬰兒車
友善環境

中角灣國際衝浪基地

戶外景點

中角灣擁有灣口內凹的沙岸地形，當北風吹入總會帶來一波波超高浪花，讓這裡變成北台灣超人氣的衝浪地點，假日總是吸引許多衝浪客來此乘風逐浪。如果是衝浪初學者，這裡有店家提供浪板租借與教學，可感受衝浪的趣味。

若是親子家庭，這裡的海灘沙子較細，記得幫孩子帶上挖沙工具及換洗衣物，大人看海、小孩挖沙，超紓壓。此外，沙灘或海水都非常乾淨，水質沒有奇怪味道，也不像其他地方偶有尖銳物。最令人讚賞的就是遊客中心提供乾淨的廁所，投幣式沖水設施方便盥洗。

裡頭還有免費使用的室內空間，設有桌椅，還有免費飲水機可以裝冷熱水，沖泡牛奶相當方便，讓小孩吃飽繼續玩。

中角灣國際衝浪基地

地址	新北市金山區台 2 線 172 號
電話	02-24988980
開放時間	全天開放

地圖　　官網

交通
- 「台北車站」搭乘國光客運 1815（行經忠孝東路）至「金山區公所站」，轉乘公車 862 或 863 至「中角站」
- 捷運「淡水站」轉乘台灣好行 - 皇冠北海岸線至「中角灣站」
- 捷運「淡水站」、「基隆火車站」旁轉乘公車 863 或 862 至「中角灣站」

門票　免費

停車	空地及路邊	年齡	0 歲～成人	參觀時間	1～2 小時

靠北過日子

來到中角灣，小孩在這裡通常會玩到精疲力盡不想回家，那就來附近的靠北過日子吃飯吧。深藍色調的外觀彷彿呼應海洋主題，內部裝潢更有特色，不加修飾的工業風格，暈黃吊燈搭配雜誌書牆，簡單卻又繽紛。戶外更有觀景平台、吊床和爐火，若小孩坐不住或哭鬧，可以帶到外頭安撫，或讓大海景色轉移他們的注意力。

店內招牌以烏龍麵為主，個人喜愛帶點微辣的咖哩口味，辛香卻不辣口。特色鐵鍋鬆餅是貼附在鍋子邊緣，不同於蓬鬆口感，薄皮更有著濃烈的雞蛋味，份量不大，全家人可以點一份嚐鮮。

靠北過日子

地址	新北市金山區海興路 174 號
電話	02-24082332
營業時間	週一～五 11:00 ～ 18:30，假日延長至 19:30；週三休
交通	・「台北車站」搭乘國光客運 1815（行經忠孝東路）至「金山區公所站」，轉乘公車 862 或 863 至「中角灣站」 ・捷運「淡水站」轉乘台灣好行 - 皇冠北海岸線至「中角灣站」 ・捷運「淡水站」、「基隆火車站」旁轉乘公車 863 或 862 至「中角灣站」
低消	平日 200 元，假日 250 元，同桌可合併計算；12 歲以下不計低消

地圖　　「B

停車	中角灣遊客中心
年齡	0 歲～成人
用餐時間	2 小時

雨天ok!

富貴角燈塔 P.217

老梅沙灘 P.218

石門洞 P.215

麟山鼻 P.214

白沙灣 P.213

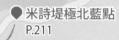 米詩堤極北藍點 P.211

北海岸最美的玩水景點

白沙灣滿滿海洋風情

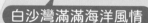

麟山鼻、白沙灣,極北玩水趣!

米詩堤極北藍點 ▶ 白沙灣 ▶ 麟山鼻

你知道白沙灣有親子三寶嗎?親子探索館、親子海景步道,以及親子沙灘咖啡廳。捲起褲管,一起來這玩水吧。

米詩堤極北藍點

戶外景點

　　北海岸石門因為鄰近白沙灣與富貴角燈塔,坐擁海灘及美麗燈塔,堪稱北海岸的美麗亮點。這裡有間米詩堤極北藍點海景餐廳,前身原本是座廢棄軍營,改造後搖身一變,海洋風情讓這裡盈滿浪漫氛圍。

　　海景第一排的景色給人遼闊的視野,若是氣候宜人,戶外座位會比室內寬敞,更能全覽美景。餐廳招牌是地瓜內餡黃金泡芙,浮誇的爆漿效果連食尚玩家也多次造訪。

　　吃飽休息後就是小孩最期待的下海時間。走下階梯則是海灘,可以玩水、挖沙或抓魚蟹。這裡的沙灘沒有恐怖的大浪,礁岩間更有許多小池子可以捉魚蟹,不像白沙灣那麼多人,超適合親子家庭。水池的深度僅到小腿,小小孩玩水也放心。大人看海,小孩抓魚,度過悠閒的午後時光。

米詩堤極北藍點

地址	新北市石門區頭圍段八甲小段 1-101 號
電話	02-26383957
開放時間	10:30 ～ 19:00
交通	捷運「淡水站」轉乘公車 862、863 至「白沙灣站」；台灣好行一皇冠北海岸線至「北觀風景區管理處（白沙灣）站」
門票	免費

地圖

停車	餐廳旁設有停車場、路邊白線區域
年齡	0 歲～成人　　　參觀時間　2 ～ 3 小時

白沙灣

戶外景點

白沙灣位於麟山鼻與富貴角之間，是個半月形的天然海灣，沙質潔白。夏天一到，各式鮮豔的陽傘、帳篷將沙灘點綴成五彩繽紛的花花世界，海面上正在進行各式各樣的水上活動，游泳、帆船、風浪板等，讓人感受到夏天的熱情美好。

最特別的就是沙灘上另有淺淺溪流緩緩匯入大海，溪水溫柔地環抱沙灘，區隔出一塊適合小孩玩水的區域，可以在岸邊挖沙築起自己的城堡，再將平緩溪水引入當作護城河，不用擔心海水的力道過強摧毀城堡。

綿延 1 公里長的沙灘架起一格一格的白色帳篷，爸媽們在小小天地裡休息，小孩玩沙，自得其樂。玩水玩過癮後，不妨來白沙灣遊客中心旁的北海岸海灣探索館，雖然空間不大，但是虛擬互動的設備適合親子同樂，可充分體驗北海岸人文及自然生態之美。

白沙灣

地址	新北市石門區德茂里下員坑 33-6 號（白沙灣遊客中心）
電話	02-86355100
開放時間	9:00 ～ 17:00（10 ～ 4 月）、9:00 ～ 18:00（5 ～ 9 月）
交通	捷運「淡水站」轉乘公車 862、863 至「白沙灣站」；台灣好行－皇冠北海岸線至「北觀風景區管理處（白沙灣）站」
門票	免費

地圖

停車	遊客中心設有停車場、路邊白線區域
年齡	0 歲～成人
參觀時間	2 ～ 3 小時

麟山鼻

　　緊鄰白沙灣的麟山鼻沙灘，人潮少，不用人擠人。一旁是麟山鼻步道，蜿蜒曲折但是平整好走。柏油路面沒有階梯，推車也能輕鬆漫遊。另一旁就是海景，不時又有小沙灘可以下水。漫步之餘，還可欣賞造型各異的風稜石。

　　麟山鼻有許多一區一區分開的潮間帶，清澈的小水窪，讓小朋友翻動石頭就會發現令人驚喜的海洋生物，帶上工具可盡情地抓魚抓蝦，但記得回家前要送牠們回到大海喔。

　　除了玩水，麟山鼻步道兩側綠葉成蔭，成為烈日下最佳的遮蔽，加上向晚微風輕拂臉龐超沁涼。當夕陽餘暉映照在如鏡面的淺灘上，特別神祕美麗。步道終點是漁港，漁船如倦鳥歸巢在漁港內靜靜漂流，形成一幅靜好畫面。

麟山鼻

地址	新北市石門區德茂里下員坑（2 號省道 23 公里處）
開放時間	全天開放
交通	捷運「淡水站」轉乘公車 862、863 至「白沙灣站」； 台灣好行一皇冠北海岸線至「北觀風景區管理處（白沙灣）站」， 沿「麟山鼻遊憩區」指示牌前往
門票	免費

地圖

停車	麟山鼻停車場、路邊白線區域、麟山鼻漁港安檢所空地
年齡	0 歲～成人
參觀時間	1 ～ 2 小時

嬰兒車
友善環境

海岸步道、落日美景，北海岸最美亮點

石門洞 ▶ **富貴角燈塔** ▶ **老梅沙灘**

石門區玩水景點超級多，春天有抹茶髒髒包限定美景，夏天可以玩水摸魚，更能遠眺美麗海岸與浪漫落日，堪稱北海岸最美的玩水去處。

石門洞

戶外景點

　　石門洞經歷長久的海浪沖鑿及地殼變動，形成高約 10 公尺的天然拱門地景，也是石門區地名由來。沿著海岸線打造的海岸園區，有舖設完整的步道與觀景平台，適合來這裡欣賞海景，更可以擁覽落日，超多玩法讓人流連忘返！

　　若是親子家庭，推薦夏天來這遊玩，石門洞擁有豐富的海岸地形，潮間帶蘊含精彩生態，帶上觀察箱與捕魚網在池邊進行生態觀察，似乎成了全民活動。退潮後的礁岩超低水位，小孩可以安心玩水，岩縫中更有不少的魚群以及寄居蟹出沒。

　遠處的一小片沙灘雖然腹地不大，但是大量色彩斑斕的貝殼及造型各異的礁石，讓小孩開心尋寶，留下夏日的鮮明回憶。走過拱橋，浪漫的橋身在蔚藍大海襯托下更顯優雅，在橋上遠望遼闊的大海與藍天，全身也被海景療癒一番！

石門洞

地址	新北市石門區崁仔腳
開放時間	全天開放
交通	捷運「淡水站」轉乘台灣好行 -716 皇冠北海岸線至「石門洞站」；公車 862、863 至「石門洞站」
門票	免費

地圖

停車	石門洞停車場
年齡	0 歲～成人
參觀時間	1 ～ 2 小時

富貴角燈塔

戶外景點

　富貴角燈塔怎麼玩，五大重點看過來。老梅迷宮用紅磚堆砌而成，紅磚牆的高度可以遮蔽小小孩，變成捉迷藏的祕密基地，但出入口多，人多時可能會看不見孩子，爸媽最好還是貼身照顧。

　接著往海岸走去，富貴角步道由木棧道修築而成，平整好走。步道兩旁盡是盎然的綠意，海風迎面吹彎了草木，也讓人覺得沁涼入心。來到沙灘，小孩挖沙玩水超開心。

　海岸旁的富貴角燈塔是台灣最北方的燈塔，八角形的塔身塗繪黑白平行相間的條紋。來到燈塔前，純白營區飄散清新高雅的氣息，在溫柔海風吹拂下給人愉悅心情。

　來到富貴角燈塔千萬別急著離開，這裡可有「懸日美景」的隱藏景點，看著遠方的太陽緩緩落入水平線，將天際染成絢麗色彩，沒想到富貴角燈塔可以一次盡覽美景，給人幸福滋味。

富貴角燈塔

地址	新北市石門區楓林路 27 號
電話	02-26381721（石門區公所）
開放時間	全天開放
交通	捷運「淡水站」轉乘台灣好行 -716 皇冠北海岸線，或公車 862、863 至「富貴角燈塔站」
門票	免費

地圖

停車	公園入口停車場及路邊		
年齡	0 歲～成人	參觀時間	2～3 小時

老梅綠石槽

戶外景點

　　老梅石槽原是大屯火山爆發後遺留在海岸邊的礁岩，經過海浪不斷拍打侵蝕，僅留下質地堅硬的部分形成縱狀溝槽。在每年冬季的東北季風吹拂下，海浪沖蝕著石槽的同時，也將綠藻舖蓋在石槽表面。一次又一次不斷地堆疊，石槽表面因附著大量綠色海藻而形成的夢幻景致，更被 CNN 票選為台灣八大秘境之一。由於綠藻不耐久曬，大約可維持 2 個月，成為季節限定的美景。

　　石槽有著美麗的岩脊紋理，海浪拍打激起朵朵浪花，為畫面增添不少動感。聽著潮汐聲加上微風輕拂，眼前的綠意與無邊際的蔚藍交織成一片美好！

老梅綠石槽

地址	新北市石門區楓林路 27 號
電話	02-26381721（石門區公所）
開放時間	全天開放
交通	捷運「淡水站」轉乘台灣好行 -716 皇冠北海岸線，或公車 862、863 至「富貴角燈塔站」
門票	免費

地圖

停車	公園入口停車場及路邊
年齡	0 歲～成人　　參觀時間　1 小時

東北角（海邊）

東北角環景仙境步道

鼻頭角步道 P.220

南子吝步道 P.222

龍洞灣岬步道 P.229

金沙灣海濱公園 P.224

發掘豐富的海洋生態

馬崗潮間帶 P.226

三貂角燈塔步道 P.232

萊萊地質區 P.227

桃源谷步道 P.231

登高感受異國濃厚氛圍

此路線請視個人時間斟酌安排，或挑選
一兩個步道規劃行程。三貂角燈塔步道
也可搭配萊萊地質區一起玩。

小長城、彩虹營區，東北角絕美步道

鼻頭角步道 ▶ **南子吝步道**

> 東北角海景步道沿途海天一色的美景，讓人輕易愛上登山樂趣。
> 鼻頭角步道小長城，南子吝 360 度環景，原來我爬的不是山，
> 是仙境啊！

鼻頭角步道

戶外景點

　　鼻頭角步道是開啟我愛上山林之美的第一條步道，也讓我看見東北角海景魅力的起點。步道全程來回約 2 小時，可以選擇從鼻頭國小或新興宮出發，兩者差異在於鼻頭國小這段路程可以看到美麗的海景，坡度緩慢上升但健行時間較長。新興宮這段是在樹林裡行走，沒有風景可看但也曬不到太陽，攀升高度陡，登頂時間較短。

　　建議剛接觸登山的人可以從鼻頭國小出發，學校裡面有海底王國司令台，若是假日，可以在學校裡走走逛逛，一定會很羨慕這座親近海洋的學校環境。

　　階梯平整好走，右手邊是蔚藍的大海，聽著浪潮聲，享受海風拂面，走入如同畫作般的美景，耀眼的陽光照得水面波光粼粼，海蝕地形豐富，平台上滿布著蕈狀岩、蜂窩岩、豆腐岩及生痕化石。途中，不時有岔路通往海邊，可以看見與海搏鬥的釣客。與遼闊的大海相比，釣客那單薄的身影有著無畏的勇氣，頗富生命力及動感。

　　雖然鼻頭角海拔高度不高，但視野開闊。海岸邊，浪潮拍打礁岩激起的雪白浪花，伴著我們一路前行。來到步道中段一處轉折，眼前忽然出現一座營區大門，山谷處竟有一處營區，但外表塗滿鮮豔色彩，更有彩色階梯，與迷彩風格的營區差異甚大。原來這裡是鼻頭角崗哨營區，廢棄多年之後現在由業者進駐經營「聽濤 cafe」，讓遊客在登山之餘有個休息站，欣賞眼前美景，聽著浪潮聲佐一口咖啡香，讓鼻頭角步道更具魅力！

　　休息過後重新踏出腳步，過了一小時終於抵達山頂，最令人讚嘆的，莫過於蜿蜒的步道隨著起伏的山勢，劃出一道如萬里長城的優美弧線。環顧四周，對於初嘗登山樂趣的我，能看見無遮蔽的美景，心裡好生感動。遠處的基隆嶼與漁港立於腳下，就像可愛模型。立於山巔，遠離平時的喧囂，單純坐在這裡放空、呼吸，都給人莫大的滿足感。

　　翠綠山巒輕柔地伸出雙手環抱著漁港，海面上偶有幾艘漁船緩緩駛過，如同夜空中劃過天際的流星，拖曳著長長的浪花。東北角具有高山、海洋，如此遼闊的美景給人滿滿的療癒感，離台北也不過一小時的車程就能走入山林擁抱大海，快來這裡踏出你的登山第一步吧。

鼻頭角步道

地址	新北市瑞芳區鼻頭路 99 號（鼻頭國小）
交通	・「基隆火車站」搭乘基隆客運 791 至「鼻頭角站」 ・台北西站 A 棟搭乘國光客運 1811、1812 至「鼻頭角站」 ・「瑞芳火車站」搭乘基隆客運 886 至「鼻頭角站」，或黃金福隆線巴士至「鼻頭站」
門票	免費

地圖

停車	鼻頭漁港、往漁港入口兩側。若假日人潮洶湧，可將車輛停放於鼻頭服務區
年齡	6 歲～成人
參觀時間	2 ～ 3 小時

南子吝步道

戶外景點

　　計畫登山的朋友可以將車停在南雅漁港，這裡有個免費大停車場，接著走下斜坡，有地道可直接通往對面的步道，不需穿越馬路。相較於鼻頭角步道，南子吝步道的遊客較少，也更清幽。

　　一路踩著輕鬆的步伐，隨著地勢逐漸攀高，望見群山環抱的南雅聚落，期待看見美景的心情，讓人忘卻陡升的痛苦。步道中段由木棧道變成石階步道，崎嶇的山路加上大塊碎裂的石塊不好走，累的時候請記得回頭，看那美麗的海景在為你加油。

　　原本以為 990 公尺的距離就像國小操場跑 5 圈，感覺很簡單！但卻發現 990 公尺是海拔，從地平線往上計算，而不是平面距離，讓我走到全身爆汗濕透！這裡適合年齡層較大的小孩，可以跟爸媽一起感受爬山的甘苦、樂趣！

　　走到 500 公尺處有涼亭可以休息補充水分，這裡離山頂只剩一半距離。看看大海振奮心情後，繼續往前，在花了近一個小時後終於攻頂，看著無邊際海景就像孤身一人站在世界的中心，心裡滿是驕傲！

　　藍與白，天與海，純粹的自然美景，充滿旅行的幸福感。依山傍水的南雅聚落，此時就像樂高積木般的小巧可愛，而南雅奇岩的特殊礁石將大海當作畫布，繪出不規則的瑰麗筆觸。最遠處白色的小小身影便是鼻頭角燈塔，沒想到今日走訪鼻頭角步道時，通往燈塔的路段已封閉而無緣造訪，卻在此時得以遠望。

南子吝步道

地址	新北市瑞芳區南雅里南雅路 41-2 號（南雅漁港安檢所）
開放時間	全天開放
交通	・「基隆火車站」轉乘基隆客運 791 至「南雅南新宮站」 ・「瑞芳火車站」轉乘基隆客運 886 或 856 福隆黃金線至「南雅南新宮站」
門票	免費

地圖

停車	南雅漁港停車場
年齡	6 歲～成人
參觀時間	2 ～ 3 小時

火龍岩、魔鬼洗衣板，你沒聽過的玩水秘境！

金沙灣海濱公園 ▶ **馬崗潮間帶** ▶ **萊萊地質區**

> 金沙灣海濱公園海水與溪流內外夾攻大力玩，馬崗潮間帶豐富海洋生態，還有火龍岩、魔鬼洗衣板，以及四角窟觀景台，你沒聽過的秘境都在東北角。

金沙灣海濱公園

戶外景點

　　東北角一處小而美的親子玩水秘境，走過優雅小橋，往下清楚看見淺淺溪水，在藍天綠意下悠閒洩流。溪水佔據海灘一個角落，也營造一處自然的生態觀察區，水深極淺小孩可放心玩水，或是翻動石頭找尋躲藏的生物。橋下更可作為遮蔭區可以乘涼休息，溪水不像海水那樣溼黏，更好清理。

溪水緩緩地流向大海，卻在金沙灣這裡放慢速度，潺潺溪水在石礫中舖成一條平滑泛著銀光的絲綢。流過成堆的石頭後，往前流速變快，深度也逐漸變深，最終匯入大海。

幼童在橋下遊玩，更大一點的小孩往前至沙灘處打水仗及挖沙。享受陽光的遊客，則在沙灘上悠閒的撐起洋傘或架起帳篷，三種不同身影在同一片沙灘上找到玩樂與放鬆的方式。

若玩累了，一旁有公廁可沖洗，不遠處有間黃金咖啡海岸能用餐或喝飲料，如此方便安全的玩水景點不要錯過了！

金沙灣海濱公園

地址	新北市貢寮區和美街 72 號
開放時間	全天開放
交通	「台北車站」轉乘公車 1812、「基隆火車站」轉乘公車 791，或「福隆火車站」轉乘公車 887，皆於「金沙灣站」下車
門票	免費

地圖

停車	公園附設停車場
年齡	0 歲～成人
參觀時間	1 ～ 2 小時

嬰兒車
友善環境

馬崗潮間帶

戶外景點

馬崗漁港是台灣最東的漁村，這裡有養殖業所留下來的槽溝地形，沒有太多遊客，只有釣客和收成綠藻的當地人，是一個安靜的小漁村。大片的海蝕平台舖滿綠藻，溝槽裡未退的海水倒映著陽光，與遠處蔚藍大海與湛藍晴空，舖陳不同程度的藍色堆疊。

附近的馬崗潮間帶同樣沒有太多人潮，海水退潮後餘下一灘灘的小水窪，讓我們就像佩佩豬看到泥巴水坑一樣興奮。海岸線離岸邊很遠，不用擔心有大浪撲來發生危險，不過這裡也沒有遮蔭處，要記得攜帶防曬油或是帳篷。水窪裡的水深大概到成人的腳踝或大腿高度，可以視小孩的身高決定他們的活動範圍。

超大片的海蝕平台，每一池就像寶箱似的躲藏不同的海洋生物，小孩高興地拿著工具尋寶探索。有些溝槽裡有油漬，地形崎嶇，行走時千萬小心不要跌倒了。石頭上一堆藤壺或寄居蟹，潮池裡或石塊下可以看到海葵、蜑螺、陽燧足、鐘螺、珠螺、海兔、寄居蟹和螃蟹。

由於海水潔淨，這裡有許多養育九孔的池子，也曾是 IG 打卡或是網美取景的秘境。不過附近沒有廁所或沖洗設備，可以攜帶一桶清水幫小孩清洗。若想用餐休息就到馬崗街 27 號咖啡館吧。

馬崗潮間帶

地址	新北市貢寮區馬崗
開放時間	全天開放
交通	「台北車站」轉乘公車 1811 或 1812 至「馬崗站」，或「貢寮火車站」搭乘公車 F831 至「馬崗市民活動中心站」
門票	免費

地圖

停車	路邊可停車	年齡	1 歲～成人
參觀時間	1 小時		

嬰兒車
友善環境

萊萊地質區

戶外景點

　　為了探訪恐龍妹來到東北角，遊客可將車子停在四角窟觀景台旁停車場，順便遠眺一望無垠的大海、龜山島，以及前方依稀可見的萊萊地質區。接著就沿著自行車道往宜蘭方向前進，不開車的朋友可以在福隆車站租車後一路往東北角海岸，沿途起伏不大，更能接往草嶺古道，是條風光明媚的休閒自行車道。

　　往前走，聽著浪潮聲，欣賞近處的海蝕平台倒映著蔚藍晴空給人好心情。大約走了7分鐘，就可以看見指標寫著萊萊休憩區和萊萊地質區，這才知道萊萊休憩區前身是間廢棄小學，現在作為萊萊秘境咖啡營業，提供輕食與飲料。小小的秘境咖啡廳有兩層樓，二樓有愛心打卡點不要錯過！

　　走過樹叢就是海灘，哇，這是我第一次踏上這麼大片的海蝕平台，前方龜山島的身影清晰可見。走近一瞧，這尖銳的激突隆起好似劍龍的骨板尖刺，厚重的由地面堆疊而起，真的越看越像劍龍的背板。平台上有好幾處同樣形狀的岩石，同樣拖著長長的尾巴，好像闖進劍龍家族的棲息地。一顆顆如龍麟般的岩質，讓萊萊地質區真的就像一條盤據的巨龍，都是造山運動所留下的痕跡。

227

　　除了火龍岩，一路平行排列的黑色怪岩，廣闊幽然的線型圖案與隨之激起的洶湧巨浪，讓它有個可怕的名號：「魔鬼的洗衣板」。

　　溝槽內適合藻類和浮游生物生長，因此孕育出繁盛的魚類生態，吸引釣客來享受釣魚樂趣。雖然凹槽處成了許多小水坑，有不少的魚兒與蟹類，但是因為距離大海不遠，當海浪拍打岩石激起的浪花轟隆作響，如雷聲般嚇人，建議來這裡拍照就好，不要輕易下水遊玩。

萊萊地質區

地址	新北市貢寮區蓬萊街 2 號（萊萊秘境咖啡）
電話	0919242070
開放時間	全天開放。萊萊秘境咖啡平日 13:00 ～ 20:00、假日 11:00 ～ 17:00；週五休
交通	「台北車站」轉乘公車 1811、1812 至「萊萊站」，或「貢寮火車站」轉乘公車 F831 至「萊萊站」
門票	免費

四角窟地圖

官網

停車	四角窟觀景台停車場
年齡	1 歲～成人
參觀時間	1 ～ 2 小時

南洋風、千層梯、地中海，親子登山趣

龍洞灣岬步道 ▶ 桃源谷步道 ▶ 三貂角燈塔步道

親子步道看過來，龍洞灣岬步道及三貂角燈塔步道就算推車也能輕鬆走。桃源谷步道千層梯，給你擎天崗的開闊視野與可愛牛隻。

龍洞灣岬步道

戶外景點

　　龍洞灣岬步道全長 3 公里，從龍洞南口海洋公園至和美國小折返，全程約需 1.5 小時；至龍洞灣公園折返，全程約需 3 小時。但我要推薦由西靈巖寺停車場走到涼亭旁的觀景平台，單趟約 20 分鐘，是不是超輕鬆。

　　先由停車場走下觀景台，寬闊的視野盡是無垠的大海，眼前景色只能用舒服兩字形容，右側可看見龍洞四季灣，夏天來這裡遊玩，搭配步道待上一整天沒問題。

　　凝視眼前畫面，天空的湛藍、海水的蔚藍，與遠處山巒因空氣折射而顯現的靛藍，相互堆疊成同一色系的畫面，是那樣充滿寧靜的氛圍，搭配岸邊的綠意植栽，真有種置身南國小島的錯覺。光是一處觀景台，就讓人沉醉在美好的南國風光，這就是海景步道的魅力！

回到停車場的步道入口，你看看，這樣大片平整的階梯旁邊還有草地可以推車，直到遠處涼亭都是這樣平緩的地勢，超適合全家大小親子同行，但一旁就是深谷斷崖，請務必注意小孩不要奔跑離開步道。

20 分鐘就來到涼亭，眼前壯觀的美景讓人忍不住驚呼，遠處是遼闊大海，近處是壯麗的峭壁景色，山與海相互競美。

海岸旁佈滿嶙峋峭立的堅硬砂岩，節理鮮明猶如龍鱗般清晰可見，加上海蝕洞深不可測，這就是龍洞的由來。穿越 3500 萬年的岩質與海蝕地形，讓這裡也成為攀岩與垂釣的絕佳場所。

龍洞灣岬步道

地址	新北市貢寮區和美街 49 號（西靈巖寺）
開放時間	全天開放
交通	• 公車 856 黃金福隆線至龍洞「四季灣站」 • 「基隆火車站」轉乘基隆客運 791 至「佛祖廟站」；「台北車站」轉乘國光客運 1811、1812 至「龍洞南口站」；「貢寮火車站」搭乘公車 F837、F839 至「佛祖廟站」；「瑞芳火車站」轉乘公車 886、F837、F839 至「佛祖廟站」；或公車 F805 至「和美國小站」

地圖　　官網

停車	西靈巖寺停車場
年齡	0 歲～成人
參觀時間	1 ～ 2 小時

嬰兒車友善環境

桃源谷

戶外景點

　　桃源谷彷彿擎天崗在群山圍繞下，有著寬闊無垠的翠綠草皮，最快的攻略路線就是內寮線步道。步道一開始有階梯很正常，但連續不斷的階梯少有平坦路面，一手抱著兒子，還推三輪車，走到最後，真是氣喘如牛。

　　中段開始的階梯寬度較寬，對於成人而言會逐漸輕鬆起來。兩側多有林蔭，來這裡走走，吹著山上的涼風應該倍感舒適。終於，遠遠望見大草皮了，那視野真是無邊無際，令人豁然開朗！步道整體而言舒服怡人，可以帶些乾糧食物來這野餐。

　　桃源谷舊名為「綑牛仔山」，是當地人農閒之餘讓小孩放牧與嬉戲之地，也因為地處偏遠，沿途看見農家炊煙裊裊的景象，就像陶淵明的「桃花源記」裡敘述的秘境。這一大片翠綠的草原，周圍群山環繞，遠近山巒有著不同的色調，稜線勾勒出壯麗的景致，寬闊的高山草原給人一種原始奔放的療癒感。

內寮線步道

地址	新北市貢寮區內寮街 65-2 號
開放時間	全天開放
交通	步道離「貢寮火車站」約 10 公里，建議開車前往

桃源谷步道
內寮線地圖

停車	蕭家莊有一塊空地，自此至步道入口的路邊也可停車
年齡	8 歲～成人
參觀時間	2 ～ 3 小時

三貂角燈塔步道

戶外景點

三貂角燈塔是我國最東邊的燈塔,也是最容易親近,停車場旁有可愛的小羊、浪漫的愛心、典雅教堂,以及像是麥克風的雷達站。鐘樓與燈塔的特殊造型,讓這裡洋溢濃厚異國氛圍,藍與白的世界彷彿到了希臘。

利用幾何圖形拼湊而成的愛心,大大小小散落在附近,浪漫夢幻的場景也成了新人拍攝婚紗照的熱門景點。

來到三貂角燈塔,它是全台灣最早看到第一道曙光的地方,也是第一座對外開放參觀的燈塔。燈塔旁的房舍也都塗上同樣的白色,讓小小園區維持一致的淨白色調,使其看來充滿優雅的知性氣息。園區範圍不大,燈塔主體設有陳列室,展示全國燈塔的分佈圖及燈具零件與模型,並有螢幕介紹歷史。繞著燈塔走一圈,離開前不要錯過隱藏景點,這條海景步道通往極東觀景台,短短 100 公尺,堪稱全台最短步道。步道舖設石磚沒有階梯,推車也能輕鬆前行,堪稱闔家歡樂沒難度的親子步道。

三貂角燈塔步道

地址	新北市貢寮區福連村馬崗街 38 號
電話	02-24991300
開放時間	9:00 ～ 18:00(夏令時間 4/1 ～ 10/31)、 9:00 ～ 17:00(冬令時間 11/1 ～ 3/31)。週一休
交通	「台北車站」搭乘國光客運 1811、1812 至「馬崗站」;「貢寮火車站」搭乘新巴士 F831 至「萊萊站」

地圖　官網

停車	園區附設停車場
年齡	0 歲～成人　　參觀時間　1 小時

嬰兒車
友善環境

東北角（山林）

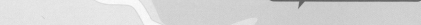

到九份感受美好慢時光

報時山步道 P.234 ●

無耳茶壺山 P.236 ●　● 祈堂老街
P.237

十分完美的旅行

十分瀑布 P.239 ●

● 十分老街 P.241

● 望古瀑布 P.242

雙步道、老街找亮點，金瓜石新玩法

報時山步道 ▶ **無耳茶壺山步道** ▶ **祈堂老街**

在祈堂老街裡踩著彩虹階梯找尋吉光片羽；踏上茶壺山，雲霧繚繞猶如仙境；再順遊報時山，10 分鐘就給你 360 度海天一色的美景。

報時山步道

戶外景點

　報時山步道的入口位於勸濟堂停車場，充滿綠意的感覺很像走入植物園。步道從原本的木棧道整修後變成了灰藍色調的鋼筋構造，兩側種植不少楓樹與芒草，秋天來臨，迎來報時山最美的季節，銀白與金黃、艷紅交織成浪漫的色彩，別忘了還有大海與藍天的湛藍。

　步道隨著高低起伏的山勢化身為小長城，不用 10 分鐘就能看到這樣的美景。步道盡頭的觀景台 360 度的環景超犯規，翠綠的山巒連綿疊翠，一望無際的海洋上不時有船隻劃出一道道白色漣漪，為這片靜好畫面增添不少動感。

步道全長 166 公尺，高度 260 公尺，茶壺山、陰陽海，以及報時山廢墟盡收眼底。四周綿延的山脈，雪白銀芒舖上綠意，隨風搖曳，捎來秋天蕭瑟感。分不清是海風或是林間流轉的清風，站在這裡享受碧海藍天的景致，讓人好生滿足。

報時山步道

地址	新北市瑞芳區祈堂路 53 號（勸濟堂停車場）
開放時間	全天開放
交通	・於金瓜石（黃金博物館）搭乘公車 891 至「勸濟堂」
	・捷運「忠孝復興站」1 號出口轉乘基隆客運 1062 至「勸濟堂站」
	・「瑞芳火車站」轉乘基隆客運 788 至「金瓜石站」，步行約 10 分鐘
門票	免費

地圖

停車	勸濟堂停車場
年齡	0 歲～成人
參觀時間	1 小時

無耳茶壺山步道

　　平日可以直接開車到登山口，由勸濟堂停車場入口旁的小路，往後方的浪漫公路前進，山路狹窄，會車請多加注意。若是假日人潮眾多，建議把車停在停車場再徒步前往。

　　抵達登山口後，一開始的步道碎石滿地，約 5 分鐘就會出現比較好走的石階。沒多久來到第一處休息點，這裡的風景就讓人值回票價。海洋湛藍，白色漁船像是一個個音符在海面上悠然躍動。以前總是聽聞陰陽海，這天我才真正看見那層次分明的色彩，畫面美到令人無法置信！

　　繼續往上，只花不到 20 分鐘就能看見山巒輕擁大海的景致，一球球的可愛山頭，芒花隨風搖曳，隨著偶爾探頭的陽光，閃耀如細雪的色澤。蜿蜒的山道引領著我的目光，在起伏的山勢中肆意流轉。來到獅寶亭，茶壺山就在前方，形狀像是一隻沒有把手的茶壺，又名「無耳茶壺山」，也有人覺得像是趴臥的雄獅，又有「獅子岩山」之稱。

　　午後陽光時而探頭，遠近山巒勾勒出不同層次的線條與光影，讓獅寶亭看來更具飄渺之感，猶如置身世外的神仙住所。

無耳茶壺山步道

地址	新北市瑞芳區祈堂路 53 號（勸濟堂）
開放時間	全天開放
交通	・於金瓜石（黃金博物館）搭乘 891 至「勸濟堂」 ・捷運「忠孝復興站」1 號出口轉乘基隆客運 1062 至「勸濟堂站」 ・「瑞芳火車站」搭乘基隆客運 788 至「金瓜石站」，步行約 10 分鐘
門票	免費
停車	勸濟堂停車場
年齡	6 歲～成人
參觀時間	2 ～ 3 小時

地圖

祈堂老街

走過勸濟堂停車場，從巨大關公像旁的階梯往下走，來到曾是 IG 打卡熱點的彩虹階梯，鮮艷的色彩在灰色樸實的老街裡看來格外醒目，也為老街增添盎然生機與繽紛活力。

循著階梯一路來到「金瓜石戰俘營」，或稱「國際終戰和平紀念園區」。1933 年，日本人曾經招募中國人來金瓜石採礦，後於二次世界大戰，日軍俘獲大批大英國協戰俘。日軍命這些戰俘來台灣開採銅礦，以提供戰爭所需的子彈與炮彈，但卻未對戰俘有人道的對待，第一批 500 多位的戰俘最後只剩下 80 幾人，讓人看見戰爭的殘酷。雖然戰爭現已結束，但此處設立的紀念碑與這座象徵「永恆的和平之火與追思之火」的雕像，就是追念這段歷史。這裡種植許多楓樹，秋冬之際可以來欣賞楓紅美景。

接著來到祈堂老街，這裡曾是金瓜石的中心區域，如今房舍老舊，磚塊散落一地，鐵皮屋上斑駁的痕跡，有它獨特的味道，讓我越走越有種新奇感。依山勢而建的房舍以及階梯，走入猶如迷宮的巷弄街道，在不同的角落遇見令人驚喜的畫面。

　　來到老街，不妨找間復古咖啡館，這間祈堂小巷，不管是屋簷、牆壁、家具等，都是滿滿的古早味。店裡有許多宮崎駿動畫的相關佈置，例如龍貓海報，櫥窗裡還有無臉男、龍貓公車等，原本對老街無感的女兒，看到龍貓後開始在店裡到處尋寶，這時大人就能安穩喝杯咖啡享受難得的愜意。

　　下次來到九份，避開擁擠人潮，來祈堂老街感受一下慢時光吧。

祈堂老街

地址	新北市瑞芳區祈堂路
開放時間	全天開放
交通	・捷運「忠孝復興站」1 號出口轉乘基隆客運 1062 至「勸濟堂站」 ・「瑞芳火車站」轉乘基隆客運 788 至「金瓜石站」，步行約 10 分鐘 ・在金瓜石（黃金博物館）搭乘 891 至「勸濟堂站」
門票	免費
停車	勸濟堂停車場
年齡	0 歲～成人
參觀時間	2 ～ 3 小時

地圖

十分瀑布，十分老街，100 分的完美行程

十分瀑布 ▶ 十分老街 ▶ 望古瀑布

十分瀑布如萬馬奔騰，傾瀉一片壯麗水幕。十分老街仰望天燈緩緩飛升，給人願望成真的小確幸。望古瀑布，彷彿地心冒險的秘境氛圍，一段十分完美的旅行。

十分瀑布

戶外景點

　　遊客若要前往十分瀑布得走過這座觀瀑吊橋，右側是平溪線鐵軌，不時看見呼嘯而過色彩鮮豔的火車，若是鐵道迷，可以查看時刻表，在這裡等待最美的火車入鏡時刻。鐵軌下方有階梯可通往十分老街，趁著早上陽光正好落在瀑布正面，建議先訪瀑布再到老街。

　　午後的陽光斜照，將吊橋那一抹的優雅身影，映照在碧綠的湖水，遠處有個眼鏡洞地形小瀑布，藍天綠意，風景宜人，難怪吸引超多遊客前來。走下吊橋另一側，這裡規劃美食攤販及紀念品店，香腸攤那犯規的香氣吸引大批人潮佇足，另外還有糖葫蘆、肉乾、愛玉、咖啡飲料等，讓遊客在此休憩大啖小吃。

經過美食區就可聽見轟隆的水流聲響，往前，終於看見傳說中的十分瀑布。瀑布落差約 20 公尺，寬度約 40 公尺，碧綠如鏡的湖面盡頭是恢弘壯麗的瀑布，超寬幅度的湖面，讓在場遊客莫不讚嘆大自然鬼斧神工的造景。

園區總共規劃四個觀瀑平台，觀瀑平台 4 離入口及瀑布最近，最震撼，可俯瞰瀑布由上往下宣洩，以及水氣瀰漫而成的彩虹。這個平台有電梯可達，推娃娃車的爸媽或是行動不便者可善加使用，其他三個點都是階梯。另外這裡有個服務處，內有飲水機及尿布台，帶小北鼻的爸媽們可善加利用。

觀瀑平台 1 與 2，兩者同樣面對瀑布，若要與瀑布合拍人像照的人可以選擇這裡，但下午時分是逆光，要拍最美的十分瀑布或許早上來比較合適。觀瀑平台 3 是我覺得拍攝瀑布的最佳地點，與瀑布有著適當的距離，可以將前面池水帶入前景，完整欣賞瀑布的景觀，且人潮不多，在這裡感受涼風夾帶水氣撲面而來，給人一絲沁心涼快。

十分瀑布

地址	新北市平溪區乾坑 10 號
電話	02-24958409（十分遊客中心）
開放時間	10 ～ 5 月 9:00 ～ 17:00（最後入園時間 16:30）； 6 ～ 9 月 9:00 ～ 18:00（最後入園時間 17:30）
交通	・「瑞芳火車站」轉乘台鐵至「十分站」 ・捷運「木柵站」轉乘公車 795 至「十分遊客中心站」

地圖　　官網

停車	停三停車場（十分旅遊服務中心旁）
年齡	0 歲～成人
參觀時間	1 ～ 2 小時

 哺乳室　 尿布台

（十分遊客中心）

十分老街

　　由十分風景區走回觀瀑吊橋，河床上到處可見許多圓滑的坑洞，稱為「壺穴」。形成原因是地質岩層的硬度不均，經夾帶細沙的河水沖刷而產生坑洞，流水在坑洞中形成的小漩渦再沖蝕。繼續往前，走過十分遊客服務中心，就快抵達十分老街了。

　　老街裡不乏販售古早味零食、玩具的柑仔店，近幾年也有不少文青風格的咖啡店進駐，讓這裡飄散著咖啡香氣與人文氣息。接著來到最熱鬧的鐵道區，放眼望去，兩側幾乎都是天燈商家，遊客們一筆一畫使用不同的語言寫下心願，笑聲、喧鬧聲，交織成一幅熱鬧景象。

　　忽然一陣吆喝聲，火車即將駛來，鐵道旁的人潮猶如摩西分海般的退立兩旁，形成十分老街特有的景象。繼續往前來到十分車站，是平溪線最具人氣的一站，當初為了運輸煤礦而興建的平溪線，隨著礦業落寞後因觀光再起，是台灣僅存的三條支線鐵路。

十分老街

地址	新北市平溪區十分老街
電話	02-24958409（十分遊客中心）
開放時間	全天開放
交通	・「瑞芳火車站」轉乘台鐵至「十分站」 ・捷運「木柵站」轉乘公車 795 至「十分遊客中心站」
停車	停三停車場（十分旅遊服務中心旁）
年齡	0 歲～成人　　參觀時間　1 ～ 2 小時

地圖

哺乳室

尿布台

（十分遊客中心）

望古瀑布

戶外景點

平溪線是我最愛的一條鐵道路線，除了十分、平溪、菁桐這幾個大站，沿途一些小站少了喧鬧的人潮更顯清幽。其中，望古車站是個空無一人的月台，也沒有站務人員，充滿寧靜清幽。

從望古車站沿著木棧道直行，接著踏上階梯，約20分鐘就能看見通往望古瀑布的指標。若是開車的人更可直接停在這裡，下車就到步道超輕鬆。一踏入步道就聽見流水潺潺的聲音，好清涼的感受。

從入口走約 5 分鐘，就來到賞瀑平台的棧道直接下切溪谷。木棧道蜿蜒向下，階梯平整但仍請放慢腳步。來到溪谷底層，綠意搖晃樹影，溪水靜靜流淌，充滿原始叢林的感覺，好像闖入地心冒險。望古瀑布忽然啪的一聲出現眼前，那景色太美太直接。雖然瀑布落差不大，壯觀程度不比十分瀑布，卻小而美，充滿空靈感，碧綠池水與銀白飛瀑交織一幅美好景色。石塊旁一攤攤的小水窪，是可以安心玩水及觀察小魚的地方。換個角度，望古瀑布似乎又呈現不同的面貌，分流成數道大小不一的瀑布，真是千變萬化！

望古瀑布

地址	新北市平溪區慶和橋 26 號（望古車站旁）
開放時間	全天開放
交通	在「望古車站」沿著鐵道旁的柏油路直走約 15 分鐘，右側一棟民宅旁就是望古賞瀑步道入口，往上走不到 5 分鐘即達瀑布棧道

地圖

停車	慶和橋及慶和吊橋路邊、「新厝福德宮」路邊白線區域較為寬闊		
年齡	1 歲～成人	參觀時間	1 ～ 2 小時

※ 瀑布底部水深或有深潭不可得知，請勿靠近。

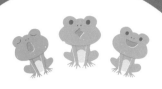

番外篇 大自然解放趣

基隆、宜蘭
親子遊

基隆

大自然生態輕鬆漫遊

● 外木山濱海大道 P.251

和平島公園　　　　忘憂谷

● 和平島公園 P.254

● 情人湖公園 P.249　　　● 海興游泳池 P.252

忘憂谷 P.256 ●
大坪海岸 P.257 ●
潮境公園 P.247 ●
海科館 P.245 ●

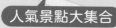

人氣景點大集合

海科館　　　　潮境公園

最好玩的海洋樂園

海洋船舶主題樂園，小孩的玩樂天堂

海科館 ▶ 潮境公園

> 海科館以船舶與海洋為主題，室內展館還有劇場及兒童廳。附近潮境公園擁有壯闊海景，以及鸚鵡螺溜滑梯，輕鬆玩上一整天！

海科館

雨天ok！

　位於五樓的「水產廳」主要展示漁業、水產養殖及水產加工三大領域，展廳四周是逼真的海洋造景，猶如置身海生館與魚兒共同悠遊。這裡規劃不少互動遊戲讓遊客學習台灣漁業的發展歷程，可以抓章魚、找出躲藏在沙子裡的生物，以及開船捕魚去，超豐富的體驗。此外，還有漁船和捕魚的模型，以及烏魚子寶寶養殖的技術跟觀念，可愛又好拍！

　三樓「海洋環境廳」以台灣周遭的海洋環境作為展示主軸，透過環境劇場方式呈現海洋在不同氣候的樣貌。「生態漫遊」展間，則以逼真的生態造景方式呈現台灣從紅樹林、潟湖生態系到珊瑚礁等各種海洋生態系環境。「船舶與海洋工程廳」陳列港口模型，小巧精細的船舶、建築物好像置身積木世界，還可實際走入貨櫃船感受大船山港的樂趣。

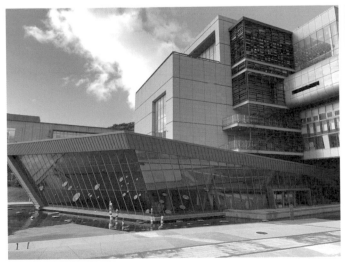

　　小孩最愛的兒童廳，有著各式遊具，以海洋為主題，例如展廳的中央是一座大型溜滑梯，孩子在假山或山洞裡爬上、滑下，就像扮演小水滴完成一趟奇妙的水循環旅程。

　　在溜滑梯的後面是一艘漁船，小朋友可以扮演船長開船或是把船艙當成秘密基地。漁船旁的展示牆，是以海洋生物游泳競賽為主題的遊戲，可以挑選自己喜歡的海洋生物，藉由比賽了解其游泳速度與方式。這裡也有靜態的魚市場扮家家酒，同樣玩得不亦樂乎。

海科館

地址	基隆市中正區北寧路 367 號
電話	02-24696000
營業時間	主題館及海洋劇場平日 9:00 ～ 17:00、假日 9:00 ～ 18:00
交通	・「瑞芳火車站」轉乘深澳線至「海科館站」 ・「基隆火車站」轉乘公車 103 至「海科館／碧水巷站」
門票	主題館 250 元。搭配特展有不同票價，詳情請洽官網

地圖　　官網

停車	海科館地下停車場
年齡	0 歲～成人　參觀時間　3 ～ 4 小時

哺乳室　　尿布台　　嬰兒車租借　　嬰兒車友善環境

潮境公園

戶外景點

　　潮境公園的前身是一處垃圾集放地，後來經海科館規劃改建後，結合地景溜滑梯、飛天掃把，成為假日休閒及看海賞景的最佳去處。

　　開車的朋友如果想去潮境公園，只能越過長潭里漁港及望海巷漁港中間的平浪橋。若是夏天，平浪橋旁的海蝕平台是豐富生態的潮間帶，小魚、螃蟹，甚至海膽都有可能找到，簡直就是大自然的寶庫，讓遊客大呼驚奇！雙腳泡在水裡享受海水的沁涼，陪伴小孩在石縫中翻找魚兒，回家前記得放魚兒回到大海，期待下次的再會。

　　走過平浪橋，左側有不少景觀餐廳，希臘風、熱炒、地中海咖啡廳任君挑選，右側則是規劃人行步道與涼亭，走累的人能夠坐在這裡吹海風。草皮上有許多造景藝術，小孩可以玩球、奔跑，也有個寬面溜滑梯，適合小小孩遊玩。

　　沿著步道走上斜坡，很快就來到潮境公園主要區域，假日遊客絡繹不絕，遠遠就望見鮮艷的造型風箏在藍天下勁揚，好一幅生氣蓬勃的畫面。這裡有鸚鵡螺溜滑梯，中間舖滿細沙讓小孩溜下滑梯接著玩沙，充滿熱鬧的天真笑語。另一旁是彩虹小屋組成的「潮境鸚鵡螺 - 潮市集」，僅假日開放，提供輕食、飲料，美景佐美食，給人怡然自在的度假心情。

　　不遠處的平台上斜倚著飛天掃把，被戲稱為哈利波特遺落的魔法掃把，吸引不少遊客打卡。除了親子同樂，這裡的風景也是遊玩重點，白天遠眺海景與基隆山風光。當落日時分，夕陽餘暉灑滿大海泛著點點金光，遠處陸續亮起的九份燈火炒熱喧騰的夜色，讓人看見閃耀著燦爛光芒的黃金山城。海岸旁的石材或木造框景，都為遊客留下美麗的回憶。

潮境公園

地址	基隆市中正區北寧路 369 巷 61 號
電話	02-24696000
開放時間	全天開放
交通	・「基隆火車站」搭乘公車 103 至「海科館（碧水巷）站」 ・「基隆火車站」搭乘台灣好行 –T99 濱海奇基線至「海洋科技博物館（潮境公園）站」
門票	免費

停車	潮境公園停車場
年齡	0 歲～成人
參觀時間	1 ～ 2 小時

地圖

嬰兒車
友善環境

山中湖、濱海大道、海水泳池，超悠遊

情人湖公園 ▶ **外木山濱海大道** ▶ **海興游泳池**

> 到情人湖公園漫步山林之間，外木山濱海大道輕鬆好走給你絕美景色，海興游泳池有兒童戲水池，和可愛魚兒一起沉浸於海洋世界。

情人湖公園

戶外景點

公園入口首先看見一台日本製的 CT271 型蒸氣火車，接著就是連續上坡路段，園區內分為入門級的環湖步道，以及稍具挑戰的環山步道，建議先沿著環湖步道走上一圈暖身後再接往環山步道。

從入口開始約 10 分鐘就來到情人湖，這是基隆僅有的高地湖泊，群山環繞下的碧綠湖水看來略顯清幽，湖區規劃有觀景亭、情人吊橋、觀景水岸平台、風車等設施，步道平緩，偶有階梯但對親子家庭應該不是問題。

湖畔林木蓊鬱，池水裡許多烏龜悠遊，湖光山色施施而行倒也愜意。湖面雖然不算寬闊，但環湖景色秀麗。接著轉往環山步道，那裡有更多美景值得挑戰。別擔心，步道沿途有不少觀景平台可供休憩，階梯較環湖步道多，推車不方便使用，可視小孩體力決定是否走完全程。

　　環山步道重要景點就是老鷹岩，雖然現已圍起無法靠近，但這裡可俯瞰澳底漁港、大武崙情人沙灘和遠處的基隆嶼。另一處的城堡觀景台利用大小石塊堆砌而成，頗有幾分童話故事的浪漫情懷或是歐式風情，也能滿足小孩扮演公主或王子的願望。

　　循著螺旋階梯來到頂端，這裡可遠眺基隆嶼，那片湛藍大海令人怦然心動，沒想到情人湖公園隱藏這樣海天共色的絕美景致。

情人湖公園

地址	基隆市基金一路 208 巷 19 號
開放時間	全天開放
交通	搭乘基隆公車 505、509 至「情人湖路口站」，步行約 15 分鐘
門票	免費

地圖

停車	公園附設停車場
年齡	5 歲～成人
參觀時間	1 ～ 2 小時

外木山濱海大道

戶外景點

　　外木山海岸是基隆最長的天然海岸，自外木山漁港至澳底通村全長約 5 公里，一邊是開闊的海岸景觀，另一側則是高聳的單面山懸崖，兩側美景令人嚮往不已。聽到 5 公里不要怕，從新北萬里往基隆方向，由獅子公園走到大武崙情人海灘只要 3 公里，約 30 分鐘的步行時間，步道臨山傍海，可遠眺海天美景，加上微風徐徐，絕對是忘憂解愁的必備良方。

　　由獅子公園起走有兩個優點：停車方便、有廁所。架高設計的步道不管是路面或護欄都維護的相當不錯，小孩可以盡情奔跑。走下坡道後，步道路面由柏油路變成木棧道，更貼近自然的味道。近處的海蝕平台則由於青綠的海藻覆蓋，讓原本光禿的礁岩多了一絲色彩，在藍天與大海間畫上另一種鮮明的色調。

　　一邊欣賞海景一邊慢行，沒多久就來到「偶然天堂」這個中繼休息站，這裡提供咖啡、茶飲及輕食，座位不少，面對大海來杯咖啡那感覺真不錯！繼續往前來到終點大武崙澳底漁港，建議幫小孩帶齊衣物和玩具，開心地在盛夏的沙灘上玩樂。

外木山濱海步道

地址	新北市萬里區台 2 線 52 公里處（獅子公園）
開放時間	全天開放
交通	「基隆火車站」搭乘公車 305 或 508 至「大武崙沙灘停車場站」，往左是獅子公園，往右是情人海灘
門票	免費

地圖

停車	獅子公園停車場、大武崙沙灘停車場
年齡	0 歲～成人　　　參觀時間　1 ～ 2 小時

嬰兒車友善環境

海興游泳池

　　海興游泳池位於基隆外木山,附近是情人湖濱海大道,一旁設有超大停車場,不用為了停車傷腦筋。這裡是台灣少見的海水游泳池,可同時滿足游泳及浮潛,更分為成人深水區及兒童戲水區,加上晨泳會和雨港救生隊在這設立服務站,讓安全性提高不少。

　　最右側是兒童戲水池,水深約 100～140 公分,但由於封閉區域少與海水流動,讓池水看來較為混濁,不過池子裡有些小魚和螃蟹,若是單純玩水也不錯。中間池是成人泳池,水深約 100～250 公分,一定要會游泳的人才能下水。附近還有一個大約 1 公尺高度的跳水平台,遠處則是釣客、緩緩行駛而過的漁船,以及基隆嶼,是一個可以釋放壓力的地方。

下水前小提醒

1. 建議攜帶飲用水及泳具，但現場沒有置物櫃，貴重物品請自行保管。

2. 提供清水沖洗，但禁止使用任何化學成分沐浴精或洗髮乳，避免流入大海破壞海洋生態。

3. 請勿塗抹防曬乳等有害海洋環境的化學品。

4. 礁岩地形較銳利，請勿奔跑避免跌倒割傷，另外岩石偶有青苔或海藻，濕滑異常，爸媽牽著小孩較為安全。

海興游泳池

地址	基隆市中山區協和街 230 號
電話	02-24253937（海興游泳協會）
開放時間	全天開放，建議白天前往
交通	「基隆火車站」搭乘公車 305、310 至「海興游泳池站」
門票	免費

地圖

停車	游泳池有停車場
年齡	5 歲～成人
參觀時間	1 ～ 2 小時

忘憂谷、海豹岩，令人望幽解愁的海景步道

和平島公園 ▶ 忘憂谷 ▶ 大坪海岸

> 和平島公園大變身，兒童戲水池、礁岩步道及阿拉寶灣秘境，忘憂谷美麗海景讓人好忘憂。大坪海岸親子戲水尋找隱藏海豹岩，基隆自然生態好好玩。

和平島公園

戶外景點

　和平島公園佔地寬廣，碧草如茵的草地上聳立一座如沙堡的遊客中心，巧妙地融入周圍景致，增添不少童趣感。若是夏天，和平島絕對是玩水勝地，這裡規劃兩區深淺不一的天然海水游泳池。較外圍的「藍海水池」是和平島公園內最受歡迎的設施，清澈蔚藍的海水裡能看見熱帶魚、螃蟹等海洋生物與你一同悠遊。水深約 2.5 公尺，一旁設有救生站維護遊客安全。若是小孩就可以來「親親水池」，水深僅有 30 ～ 50 公分左右的高度，旁邊就是「留夏沙灘」，一邊玩沙一邊玩水，也太幸福啦。

　　除了玩水，這裡礁岩步道彷彿大自然教室，讓人看見地形豐富變化。早在二千五百多萬年前，和平島公園周圍盡是一片汪洋大海，島上的地形因為受到長期的風化與海浪侵蝕，在岸邊礁岩留下各式造型的蕈狀石、豆腐岩、海蝕洞與海蝕平台等地質景觀。有些岩石像極了動物，例如海兔、彈塗魚、海豹、鱷魚、山豬、人面獅身、金剛及花豹，散落在園區內不同角落，可以沿著園區步道走上一圈找尋它們的身影。

　　步道平緩，大人小孩都能輕鬆漫遊，來到園區內最適合眺望海景的「等嶼亭」，這天細雨紛飛，雖然我們等不到雨停，但基隆嶼就在前方，聆聽潮汐聲，遊客撐著鮮豔雨傘像是綻放的花朵，在灰濛的雨天裡欣賞海景又是另一種感受。

和平島公園

地址	基隆市中正區平一路 360 號
電話	02-24635452
開放時間	5 月 1 日～ 10 月 31 日 8:00 ～ 19:00、 11 月 1 日～ 4 月 30 日 8:00 ～ 18:00
交通	「基隆火車站」轉乘公車 101 或濱海奇基線至「和平島公園站」
門票	全票 80 元

地圖　　官網

停車	公園附設停車場
年齡	0 歲～成人
參觀時間	2 ～ 3 小時

哺乳室

尿布台

嬰兒車友善環境

忘憂谷

戶外景點

　　忘憂谷又名望幽谷，一般遊客多半是由六五高地進入，馬上給你滿滿大平台的美景，白色階梯往前延伸，引領著遊客視線至遠處的基隆嶼，兩側綠意裝盛著湛藍大海，可愛的基隆嶼漂浮其上，交織成一幅療癒舒心的景致，煩惱早已隨著山間涼風飄散。這還只是入口而已，還不趕緊邁開腳步投入這片美景。

　　走下山谷享受綠意環抱，沿著階梯攀升視野也隨之開闊，途中不時出現小路蜿蜒通往海灘，近距離欣賞大海、豆腐岩與海蝕地形。若是親子家庭則建議循著石板步道往涼亭即可。

　　隨著踩踏在如波浪般起伏的步道，可看見不同角度的碧海藍天。來到最高處，360 度無遮蔽的視野，山腳下的八斗子漁港與大坪海岸一覽無遺，漁港內忙碌穿梭的漁船，在一片靜好景色中劃上白色曲線，夜晚民家燈火及漁火點點錯落於海面，又是另一番風情。

忘憂谷

地址	基隆市中正區北寧路
開放時間	全天開放
交通	「基隆火車站」搭乘公車 103 或 107 至「八斗子站」，步行約 10 分鐘
門票	免費

地圖

停車	六五高地停車場	年齡	3 歲～成人	參觀時間	1 ～ 2 小時

大坪海岸

戶外景點

　　大坪海岸座落於忘憂谷山腳下，如同和平島公園的礁岩，經歷數萬年風化與海浪沖擊，在岸邊形成海蝕平台與豆腐岩，瑰麗不規則狀在日出或夕陽都是取景的好地方。當春夏交際之初，這裡的海岸覆蓋上一整片亮綠色的海藻，更有人稱為「綠寶石秘境」。

　　不少親子家庭會來這裡玩水、捉魚，豐富的潮間帶蘊含無限生機，小魚、螃蟹甚至河豚，可近距離欣賞這些可愛生物著實有趣。這裡除了玩水，其實隱藏一座海豹岩，距離油庫入口尚有一段距離，想要目睹得先看好潮汐時間，退潮時才能前往。此時岩石濕滑，務必穿著防滑鞋或是踩在海藻上前進。

　　好不容易來到海豹岩面前，遠望基隆嶼。大海近在眼前，不時捲起海浪舖天蓋地襲來，那磅礴氣勢令人震撼！請注意自身安全，保持距離靜靜欣賞礁岩間激起的雪白浪花，以及這片綠油油的藻田，讓心情倍感輕鬆起來。

大坪海岸

地址	基隆市中正區漁港一街（油庫後方）
開放時間	全天開放

地圖

交通	・開車：以海科館區域探索館（基隆市中正區漁港一街）導航，沿著漁港一街到底看見油庫，由防波堤右方小徑進入
	・公車：「基隆火車站」轉乘公車 103 至「八斗子站」，沿八斗子街走到底，左轉漁港一街，自油庫後方防坡堤右方小徑進入
門票	免費

停車	油庫停車場	年齡	2 歲～成人	參觀時間	1～2 小時

宜蘭

餵食小動物超有趣

金車生技水產養殖 P.261

宜蘭忍者村 P.259 ●

● 甲鳥園 P.263

螃蟹冒泡玩水超神奇

● 螃蟹冒泡 P.267

漫步林中享受芬多精

香草菲菲 P.266 ●

● 可達休閒羊場 P.265

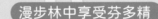

● 中興文化創意園區 P.270

宜農牧場 P.268 ●

● 羅東林業文化園區 P.272

忍者村、水族館、療癒小鴨，雨天照樣玩

宜蘭忍者村 ▶ **金車生技水產養殖** ▶ **甲鳥園**

小小忍者飛簷走壁闖關趣、金車迷你水族館還能餵鯊魚、甲鳥園餵鴨鴨超療癒，不怕雨天行程繼續玩！

宜蘭忍者村

雨天ok!

　喜愛日本動漫的人注意，全台唯一忍者村在宜蘭，這裡可以學習忍者必備技能，例如飛簷走壁、手裏劍、苦無等，大小朋友都能玩得超開心。忍者村外觀像是間三合屋，因為空間不大，加上遊戲體驗時間，遊客購票後需排隊等待進場，最可惜的就是排隊時沒有遮蔽物，若是夏天加上假日人潮，真的是種考驗，或者這就是忍者的最大修行：忍耐。

　進入忍者村會有一連串的考驗，每一關都有師匠負責解說遊戲規則，首先介紹忍者隨身必備的秘密武器。接著就是第一關「飛簷走壁」，遊客得踩在木樁上貼著牆壁前進，以及地板上設置不少會轉動的圓盤，挑戰你的平衡感。第二關「手裏劍」投擲，手裏劍是忍者的基本武器，體積小、射程遠，分為直射和橫向投擲，難度不算高。

　　第三關「鎖鐮」，是一種以鐵鍊連接著重錘與鐮刀的特殊武器，藉由甩動鐵鍊擴大攻擊範圍，或是牽制對手武器，近身則使用鐮刀抗敵。這裡則挑戰將鎖鐮往前拋勾住鐵杆。第四關「迴旋斬」，類似打棒球的遊戲，一個人將球放入自動發球機，另一個拿武士刀斬球，因為球速很快，砍不中是正常的。球打到身上不痛，但小孩會很開心看到爸媽被球痛擊，好玩又好笑的關卡。

　　第五關「迴旋鏢」，要在佈滿繩索的區域使用迴旋鏢擊中銅鑼。第六關「苦無」，堪稱忍者上級課程，練習水平投射有難度。最後「迴旋踢」，忍者除了暗殺，有時還得近身攻擊，因此體術也是必備功夫。

　　全部挑戰通關後，為自己拍照作為畢業證書吧，手持日本刀擺出居合斬，或是與忍者大師兄合影，最後憑門票兌換手裏劍，可以在戶外射假人、射鐵片活動筋骨。

宜蘭忍者村

地址	宜蘭縣礁溪鄉匏杓崙路 95-6 號
電話	03-9282660
營業時間	9:00 ～ 17:00；週三休
交通	建議自行開車以「忍者村」導航
門票	平日 200 元、假日 220 元

地圖　　FB

停車	園區附設停車場
年齡	4 歲～成人
參觀時間	1 小時

金車生技水產養殖研發中心

　　宜蘭也有水族館，「金車生技水產養殖研發中心」內有數十種海洋生物，還可以近距離餵鯊魚超刺激，附設餐廳又有兒童遊戲區，適合雨天備案親子行程。遊客於商場入口的售票機自行購票後即可進入，商品區販售不少金車自家產品，海鮮、零食餅乾、金車噶瑪蘭威士忌酒廠的威士忌與伯朗咖啡等，可用門票折抵消費。

　　這裡必看的就是海洋生物展示區，大大小小數十個水族箱裡住了不同種類的魚、蝦及珊瑚等。這裡也有提供熱食、輕食及飲料等，一旁就是兒童遊戲區，有迷你溜滑梯、積木、益智遊具等，小孩盡情遊玩讓爸媽可以好好吃頓飯。

餵飽小孩後來餵鯊魚吃飯吧,現場報名後依時段來到櫃台,工作人員講解餵食注意事項,以及給你一盒魚塊,接著來到養殖池,這裡有個透明空中看台,站在上面看著鯊魚、魟魚在腳下游來游去,有沒有一種命懸一線的恐怖感?請注意小孩不要跨越護欄,輕輕將魚塊投入水中即可。在這裡看著魚兒悠游超紓壓,是一個大人小孩都盡興的好景點。

金車生技水產養殖研發中心

地址	宜蘭縣礁溪鄉淇武蘭路 162-13 號
電話	03-9889400
營業時間	週一~日 8:00 ~ 17:00
交通	「礁溪轉運站」或「礁溪火車站」搭乘公車 113 至「大塭路站」,下車步行約 6 分鐘(班次不多,建議開車)

地圖　官網

門票	全票	鯊魚餵食體驗
	100 元	每份 200 元

停車	園區附設停車場
年齡	0 歲~成人
參觀時間	1 ~ 2 小時

哺乳室

尿布台

嬰兒車
友善環境

甲鳥園

雨天ok!

　　位於礁溪的「甲鳥園」可不是鳥園，而是將鴨分開寫的「鴨鴨的家」，從傳統鴨寮轉型為現代的養鴨名所，利用清水模打造的環境，顛覆你對一般鴨寮的印象，還能親手抱抱黃色小鴨，那嬌柔身軀在手上的溫暖觸感，讓小孩感受生命的珍貴，值得親子家庭造訪。

　　甲鳥園在設計及建造初期就已考量融入周圍環境，特別規劃稻鴨共生、候鳥休憩區。園區將景觀與廢水處理結合，利用水資源循環落實於稻鴨共生區、水耕花卉與水耕蔬菜區，讓甲鳥園與這片青山綠水互存相依。

　　購買門票後可折抵飼料或園區飲食，女兒立馬挑了一罐飼料便開心直搗黃龍找鴨鴨，一旁的「稻鴨共生區」可讓鴨子在田間幫忙吃蟲、吃草、吃福壽螺，再利用鴨子的排泄物當肥料，成為天然有機養分，減少農藥使用避免對環境造成傷害。

園區內規劃一處兒童戲水區，前方就是鴨鴨的家。精心設計的五層屋頂結構，利用拱形屋頂讓室內空氣自然流動，大片開窗引進明亮採光，這清水模採用簡約流線設計，充滿現代感，你說是美術館我也信。

入口處的「小鴨體驗區」裡面住了一群黃色小鴨，呱呱叫的模樣令人憐愛。遊客可以將小鴨捧在手裡或懷裡，看著小鴨在女兒輕輕撫摸下沉沉然睡去，頓時覺得動物與人類之間的羈絆好微妙，小孩也能學習愛護動物及對生命的尊重。

看完可愛小鴨，接著來看大鴨子吧。五星級的住宿環境，讓鴨子們看起來心情都很好，還有專用水道可游泳。來到鴨舍最後方的餵鴨區，膽子大的小朋友可將飼料倒在掌心讓鴨子們啄食，由於鴨子沒有牙齒，不用擔心被啃咬或是臭味，反倒像是按摩般的感受，新奇有趣。

甲鳥園

地址	宜蘭縣礁溪鄉吳沙村開蘭路 209 號
電話	03-9288152
營業時間	週一～日 9:00 ～ 18:00

地圖　　官網

交通	• 從「宜蘭車站」或「礁溪車站」搭火車至「四城車站」，沿著開蘭路步行約 15 分鐘 • 「台北轉運站」搭乘葛瑪蘭客運或者國光客運 1811 線至「宜蘭四城站」，或「市府轉運站」搭乘首都客運 1572 至「宜蘭四城站」，沿著開蘭路步行約 10 分鐘

停車	園區附設停車場
年齡	0 歲～成人
參觀時間	1 ～ 2 小時

嬰兒車
友善環境

可愛農場、香草博物館、螃蟹冒泡，超好玩

可達休閒羊場▶ 香草菲菲 ▶ 螃蟹冒泡

> 可達休閒羊場，只需購買飼料就能讓小孩滿足動物保姆樂趣；香草博物館香氛 DIY，天空步道浪漫場景超好拍；螃蟹冒泡在路邊就能玩水，超神奇！

可達休閒羊場

戶外景點

　　宜蘭最佛心的免門費農場，輕鬆省錢玩起來！牆上菜單超過 10 項羊奶製品，以及 6 項體驗活動，100 元套餐可以餵所有動物。我們選擇餵小羊喝奶、餵大羊吃草、餵兔子及鴨子，最後再選一個羊奶酪，多人同行也只要花小錢就能有吃有玩，CP 值超高！

　　拿到奶瓶先去戶外餵奶區找小羊吧，可愛的小羊看到遊客接近就不斷咩咩叫討食物，塞入奶瓶後可感受到小羊的超強吸力，沒兩下就喝光光。有趣的是羊圈裡住了一隻鵝，負責管理小羊，會拍打翅膀維持秩序。接著回櫃台拿牧草，可選擇到戶外或是室內餵草區找大羊，這群大羊力氣更大，會和小孩拉扯牧草，小心別被牧草的邊緣割傷手指。餵完大羊再來領取飼料餵雞、鵝，園區裡的動物好像都沒吃飽似的，小孩餵得超有成就感！

可達休閒羊場

地址	宜蘭縣員山鄉惠深二路二段 125 號
電話	03-9225650
營業時間	週一～日 9:00 ～ 17:00
交通	開車以「可達休閒羊場」導航
門票	免費

地圖

官網

停車	園區附設停車場
年齡	0 歲～成人　　參觀時間　1 小時

嬰兒車
友善環境

雨天ok!

香草菲菲

香草菲菲（芳香植物博物館）規劃室內溫室 1600 坪，以白色為主要色調，僅用植栽綠意點綴整個空間，給人超舒適的浪漫氛圍。一樓右側是用餐區，可享用自助餐或下午茶，結合花草香料，能品嚐風味料理；或是來杯咖啡佐輕食，與花草香一同喚醒體內每一個微小細胞。

左側是香菲小舖，各式香氛用品不含化學藥劑，可考慮用門票折抵商品。一旁是香菲 DIY 教室，分為植物、香氛及調香三類主題。我家女兒選擇手工皂體驗，先挑造型模具，接著滴入精油調色，簡單幾個步驟就能完成，利用等待凝固空檔，這裡有滑步車、童書可讓小孩玩樂。來到二樓，只見藤蔓從天花板垂落，彷彿一片浪漫垂簾襯著純白色調，交織成夢幻場景。另一邊的天空步道種植藤蔓植物及花卉盆栽，上面透明窗引入和煦陽光，給人一絲溫暖感受。

香草菲菲

地址	宜蘭縣員山鄉內城路 650 號
電話	03-9229933
開放時間	週二～日 9:00 ～ 18:00；週一休
交通	「宜蘭轉運站」或「宜蘭火車站」轉乘公車宜蘭勁好行 752 至「太陽埤 - 香草菲菲站」
門票	100 元，115 公分以下孩童免費入場

地圖　FB

停車	園區附設停車場	
年齡	0 歲～成人	參觀時間　1 ～ 2 小時

哺乳室

尿布台

嬰兒車友善環境

螃蟹冒泡

戶外景點

　　這個有趣的景點，聽名字可別以為水池裡有螃蟹，其實是因為湧泉從沙底細縫冒出時產生細小泡泡，乍看之下好像螃蟹藏在沙地裡吐泡泡而得名。

　　水深約 90 ～ 100 公分，池畔還規劃出小型滑水道增加樂趣。水質清澈乾淨還看得見小魚，若是不會游泳的小朋友可以自備水槍或撈魚網，也會玩得很開心。後方有一間炭烤餐廳，路旁有香腸攤，享用美食還能陪伴小孩倒也輕鬆愜意。

　　更貼心的是這裡雖然是免費景點，但附設廁所及淋浴間，環境乾淨超加分。如果忘記帶泳圈也無妨，路邊店家均有提供泳圈出租，萬事俱備後，就讓孩子好好盡情玩樂吧。

螃蟹冒泡

地址	宜蘭縣員山鄉大湖路 18-1 號
開放時間	全天開放
交通	「宜蘭轉運站」或「宜蘭火車站」搭乘公車 753 至「毛蟹冒泡站」
門票	免費

地圖

停車	路邊可停車		
年齡	0 歲～成人	參觀時間	1 ～ 2 小時

嬰兒車
友善環境

動物牧場、羅東林場，文創手作親子行

宜農牧場 ▶ 中興文化創意園區 ▶ 羅東林業文化園區

> 宜農牧場只要 30 元，遇見動物逛街超新奇。中興文創 DIY 超多樣，親子同樂一整天。羅東林業園區大變身，森林主題寓教於樂，在自然教室裡玩轉新知識。

宜農牧場

戶外景點

　近幾年宜蘭冒出好多農場，但是老字號的「宜農牧場」靠著便宜的門票、動物逛大街，以及腹地廣大的優點，仍是屹立不搖。園區提供免費停車場，來到入口請摸著良心自行投入硬幣。

　往前沒幾步看到撈金魚的攤子，仔細看是用塑膠網子，所以每個小孩都撈滿一大碗的小魚，採計時收費，結束後再將小魚放回池子。接著看到鸚鵡在啃甘蔗，還有雞、鵝和麝香豬在人群中逛大街，好像動物都擬人化了，這畫面也太逗趣了。遊客可在窗口購買餵食五寶，首先來餵麝香豬寶寶，那吸力之強好像和豬拔河，還真有隻奶瓶就被大豬搶走慘遭分食。接著用紅蘿蔔餵兔子和天竺鼠，圓滾滾的模樣超可愛，且不用和牠們比力氣，小孩可以慢慢餵。

最後方就是羊舍，空間寬敞，燈光美氣氛佳，也沒有明顯的味道，讓人可以久待都沒問題。羊群被分為好幾區，請依指示餵奶或是牧草。而且羊兒還會主動咩咩叫討食物吃，還有一些羊的睡姿超好笑，都增添遊玩的樂趣。

園區也設置休息座椅及兒童遊戲區，溜滑梯、盪鞦韆等，多樣的設施也難怪宜農牧場人氣不減。離開前，親子家庭可以順遊一旁的長春 241 親子蹦蹦車，裡面有一些夜市小遊戲，例如套圈圈、射氣球、投籃及彈珠遊戲與蹦蹦車。

若是宜蘭只去一處牧場遊玩，當然選擇宜農牧場，但小孩才作選擇咧，通通玩一遍就對啦！

宜農牧場

地址	宜蘭縣冬山鄉長春路 239 巷 17 號
電話	03-9567724
開放時間	9:00 ～ 17:30
交通	「羅東轉運站」搭乘綠 17 至「宜農牧場站」（僅假日行駛）；「羅東火車站」搭乘冬山鄉公所免費接駁巴士至「宜農牧場站」（週一～六）
門票	30 元

地圖

停車	園區附設停車場
年齡	0 歲～成人
參觀時間	1 ～ 2 小時

嬰兒車
友善環境

中興文化創意園區

　　中興文化創意園區前身為中興紙廠，建於 1935 年，當時堪稱台灣規模最大的造紙工廠，生產量達東南亞第一，後期受到經濟變遷影響，2001 年結束營業，園區自此荒廢許久。2014 年由宜蘭縣政府接手，透過古蹟保存與活化，結合文創及育成等策略，讓園區轉型重生，成為宜蘭熱門景點。

　　一走入園區就望見那高聳的煙囪與一旁破舊的廠房，在歲月的摧殘下，廠房早已變得殘破不堪，而這樣的廢墟風格反而更吸引遊客來此拍照打卡。入口旁的第一棟建物原為 6 號倉庫，當時用來存放松柏、針葉樹等中大型木材，現規劃為遊客服務中心，內有常設展「紙說」介紹紙廠，走過長廊，我忍不住伸手觸摸水泥色調的牆面，感受歲月所留下的痕跡。

　　服務中心後方有廁所，左邊小公園有著繽紛的裝置藝術。而緊鄰服務中心的興創館有個清澈的小水池，看來就像個高級飯店的游泳池，更是網美們不可錯過的必拍景點。

　　一棟棟的三角形建物，像極了台北華山文化創意產業園區，但這裡佔地更大，且有許多 DIY 課程。興工一場，現已規劃為 DIY 活動區，裡面有藍染、編織等工作室；興工二場店家主要與木工相關，可擇一體驗。

　　隨著 9 號製造所入駐園區，提供親子餐飲與文創體驗，整體空間寬敞明亮又繽紛，更舉辦抓周活動，有著更多元的玩法，相信未來能持續發揮文創群聚效應，讓宜蘭越來越好玩。

中興文化創意園區

地址	宜蘭縣五結鄉中正路二段 6-8 號
電話	03-9699440
開放時間	平日 10:00 ～ 18:00；週三休
交通	「羅東轉運站」搭乘公車紅 1、紅 2、宜蘭勁好行 621、國光客運 1766 至「中興文創站」
門票	免費

地圖　　　官網

停車	園區附設停車場
年齡	0 歲～成人
參觀時間	2 ～ 3 小時

 哺乳室

 尿布台

 嬰兒車租借

 嬰兒車友善環境

羅東林業文化園區

雨天ok!

　　進入園區前先來到木育森林吧，入口處有著原木作成的台灣黑熊、石虎、獼猴等可愛動物熱情歡迎每位遊客。館內利用木頭製作成一個個展示窗，配合音效介紹自然生態等科學知識，以及各種木頭模型玩具，可愛模樣讓小孩看得目不轉睛！

　　更吸引遊客目光的就是這些木製玩具，例如四巧板和益智木球等遊戲，或是拿起橡皮筋射擊槍、木製陀螺，以及樹洞毛毛蟲就能玩得超開心，還能騎上木馬來張紀念照。光是這裡，我家小孩就玩上 1 小時，完全是意料之外的好玩。

　　接著走入林業園區，佔地寬廣好似平地的森林遊樂區，首先來到園區貯木池，當年藉由蘭陽溪的溪流將太平山的木材一路漂流 30 公里至貯木池保存，現在雖已不再伐木，池中浮島成了鳥類、蛙類與螢火蟲棲息地，園方更規劃木屑步道與環池步道，沿途綠樹成蔭，單純漫步林中也是種享受。

往前來到森林鐵道小火車及車廂，小孩在這裡光是跳上跳下就能玩很久，爸媽們不妨到一旁餐廳點杯咖啡好好放鬆，享受愜意的午後時光。除了自然景致，日式宿舍群也是另一個看點，老屋在蔥鬱參天的林木映襯下，更有著獨特魅力。過去曾是站長宿舍的森產館，裡面介紹太平山林業生產史，一張張老照片都讓人見識到當年林場盛況，如今轉型成為親子共遊景點，持續發光發熱。

親子家庭不可錯過的還有最新開幕的林場 Kids 扣屋，以林業為主題的親子遊戲區，雖然空間不大，但裡面有台原木小火車以及小玩具，同樣能讓小孩好好發洩體力。記得上網預約或是現場排隊，還得穿上襪子才能進入遊玩喔。

羅東林業文化園區

地址	宜蘭縣羅東鎮中正北路 118 號
電話	03-9545114
開放時間	週一～日 8:00 ～ 17:00
交通	「羅東轉運站」步行約 20 分鐘
門票	免費參觀

地圖

FB

停車	倉前路停車場
年齡	0 歲～成人
參觀時間	2 ～ 3 小時

哺乳室

尿布台

嬰兒車
友善環境

宜蘭

傳藝中心 P.275 ●

鴨寮故事館 P.282 ●

活力有勁超好玩

● 武淵水火同源 P.286

● 虎牌米粉那個年代
產業文化館 P.277

邱比準射擊博物館 ●
P.284

中華中划黃金河稻獨木舟 ●
P.285

超多手作玩好玩滿

蠟藝蠟筆城堡 P.279

安永心食館 P.281 ●

古早味童玩、炒米粉、作蠟筆，DIY 玩不停

傳藝中心 ▶ 虎牌米粉產業文化館 ▶ 蠟藝蠟筆城堡 ▶ 安永心食館

傳藝中心多種古早味童玩、戲曲表演，蠟筆城堡 DIY 活動趣味滿滿，虎牌米粉有吃有玩還有拿，再到安永心食館乘海盜船釣大魚，打造專屬水族館。

傳藝中心

雨天ok!

園區佔地廣闊，主要就是三大街道，首先來到「臨水街」，這裡緊鄰河畔，可以搭乘遊船或是餵魚和小鴨，是小孩的最愛。另外還有受歡迎的抓周服務，在傳統中式場景裡更添難忘回憶。二樓則有「柑仔店」，棒棒糖、糖葫蘆、龍鬚糖等古早味零嘴應有盡有，還有彈珠檯及戳戳樂等遊戲，大人小孩一起同樂吧。

接著來到「文昌街」，以傳統街屋結合日治西洋風格，堪稱園區裡最好拍的地方。更好玩的是這裡有糖蔥捲、捏麵人等，還有童玩，例如陀螺、劍玉、三巧板等，爸媽可回味童年，小孩可動動腦體驗 3C 產品以外的樂趣。DIY 則有紙傘彩繪、造型肥皂等，時間真的不夠玩啊。

　　最後是「魯班街」，這裡聚集多種手工藝，其中卓也藍染裡頭利用染布妝點空間，呈現娟秀典雅氛圍，遊客可以在這裡體驗藍染 DIY，染出自己喜歡的顏色。

傳藝中心

地址	宜蘭縣五結鄉五濱路二段 201 號
電話	03-9508341
營業時間	淡季 9:00 ～ 18:00，旺季（農曆 12 月 16 日～ 1 月 15 日、國曆 7 ～ 8 月）9:00 ～ 20:00。夜間延長時間以官網公告為主
交通	捷運「市府站」搭乘首都客運、「台北轉運站」或「板橋轉運站」搭乘葛瑪蘭客運，或新店「大坪林站」搭乘大都會客運，皆在「羅東轉運站」下車。接著轉乘台灣好行（冬山河線）或公車 261、241 至「傳藝中心站」
門票	全票 150 元

地圖　　　官網

停車	園區附設停車場
年齡	0 歲～成人
參觀時間	2 ～ 3 小時

哺乳室　尿布台　嬰兒車租借　嬰兒車友善環境

虎牌米粉那個年代產業文化館

雨天ok!

　米粉除了吃，竟然還有觀光工廠？別懷疑，投入門票代幣就能帶你穿越時空回到舊時光。二樓米粉知識走廊介紹世界不同米粉發展過程、陳列相關生產設備，以及米粉生產流程：脫蒸煮揉掄擠，值得緩下腳步欣賞這有趣的米粉知識。

　一踏入展間，昏黃的燈光，懷舊的陳設，瞬間就讓人回到1970年虎牌米粉董事長創業的那個年代。右手邊是阿嬤ㄟ灶腳，裡頭老舊的櫥櫃、桌椅、器皿等忠實還原當時一般家庭餐廳的模樣。回到主要展間，佈置成四方形的懷舊街區巷道，有車站、雜貨店、照相館、湯屋、事務所、麵攤及宿舍，在許多細節上作足功夫。

　小孩雖然無法感受過往時光，但是有趣的街景讓他們一下子當車站站長、礦坑工頭或麵攤老闆，忙得不可開交。最重要的就是「阿嬌米粉攤」，這裡提供免費熱騰騰的炒米粉吃到飽，雖然是免費，但口味不打折扣，以香油、醬油及麻油調配而成的古早味就是簡單好吃，再用抵用券來碗貢丸湯，絕對吃到心滿意足！

　　小朋友可以報名米粉 DIY 體驗，分別有「彩繪碗米粉 DIY」和「電鍋炒米粉 DIY」，體驗券只能擇一抵用。若是前者沒有時間限制，只要去商店換取材料包就可以自行體驗。而電鍋炒米粉 DIY 則要挑選場次才能玩，老師會分材料包給每一組，接著依照老師指導將米粉及配料放入電鍋裡，再不斷攪拌，過程簡單，4 歲以上的孩童應該都能在家長陪伴下完成。吃著自己煮的米粉，小孩露出得意的表情直説好吃。

　　如果沒有參加 DIY 體驗，剩下的抵用券都能在「正通雜貨店」換米粉或其他伴手禮，例如關廟麵、麵線、辣豆瓣醬等，所以幾乎每個人都是提著好幾袋米粉，滿臉笑意離開，有吃有玩還能滿載而歸！

虎牌米粉那個年代產業文化館

地址	宜蘭縣五結鄉利興三路五號
電話	03-9907718
開放時間	週一～日 9:00 ～ 17:30
交通	「羅東火車後站」搭乘公車 241 至「利澤工業區 1 站（利興三路）」，下車即達
門票	全票 200 元

地圖　　官網

停車	園區附設停車場
年齡	0 歲～成人
參觀時間	1 ～ 2 小時

嬰兒車
友善環境

蠟藝蠟筆城堡

蠟藝蠟筆城堡外形就像一座巨大的火箭發射基地，館內提供四種蠟筆及彩色筆 DIY 體驗，館外有片超大停車場，而活動都在室內進行，不用曬太陽或擔心下雨。DIY 課程約 30 分鐘一場，有專人引導，遊客須配合團進團出參加課程，4 種課程大約需要 2 小時。

等待時，大廳有白板可以讓小朋友畫畫，大人能參觀館內的展示區，有個牆面敘述關於蠟藝城堡的歷史，桌上則陳列蠟筆相關的原料或設備，牆上還有解說影片。時間一到，走入教室找位置坐下，有老師講解注意事項，由於這課程設計給親子同樂，所以難度並不高。

第一關是玩色工坊，遊客可以彩繪自己專屬的面具扇子，教室空間寬敞明亮，桌上擺放著彩繪工具，老師以投影方式示範，接著領取扇子材料自行創作。第二關是彩色筆 DIY，桌上有筆管，先將筆芯放到顏料裡，藉由毛細現象讓筆芯吸滿顏料，再放入筆管，用小木槌敲打，將蓋子和尾栓與筆管結合就完成了，還可以將作品帶去學校和同學分享製作的體驗，讓小孩有著滿滿的成就感。

　　第三關是蠟筆 DIY，小孩挑選小塊顏料後，倒入模具依照推、拉、壓、轉等步驟，就能完成台灣造型的蠟筆。最後一關是人體彩繪，館方準備無毒好清洗的顏料，可彩繪在身上，一旁有洗手台可以清洗。

　　DIY 結束後可以在變裝區幫小孩挑選造型衣服打扮一番，接著在繽紛蠟筆牆、萬聖節墓地、超大海賊船或是星光大道拍照留念。最後來到紀念品區及用餐區，這裡陳列許多蠟筆相關的產品，可用門票折抵商品，例如彩色筆就可帶到學校上課超實用。

蠟藝蠟筆城堡

地址	宜蘭縣蘇澳鎮海山西路 500 號
電話	03-9907101
開放時間	週一～日 8:30 ～ 18:00
交通	「羅東火車後站」搭乘公車 241 至「文化國中站」，步行約 5 分鐘
門票	全票 250 元

地圖　　官網

停車	園區附設停車場
年齡	0 歲～成人
參觀時間	2 ～ 3 小時

 哺乳室　 尿布台　 嬰兒車友善環境

安永心食館

雨天ok!

　安永心食館是全台首座結合「食品安全」與「環保節能」的觀光工廠，並有 AR 互動設備及 DIY 活動，重點是假日營業至 20:00，可作為一日遊的最後景點。

　一樓海洋彩繪牆引領遊客進入這塊麗奇幻的海底世界。手扶梯旁有艘海盜船，上面有不少道具，還能 Cosplay 留下有趣身影。接著來到二樓的微型工廠，這裡有披薩烘焙及海洋主題商品 DIY，其中藍色海洋夢可打造迷你水族箱，製作時間約 30 分鐘。

　三樓則是利用互動設備打造猶如海洋冒險的遊樂世界，首先是投映在腳下的奇幻海洋，不同魚群在腳邊悠遊吸引小孩的目光。往前有個釣魚遊戲，拿起釣竿與魚簍，將釣起的魚兒投入掃描裝置裡就能辨識魚種。再往前，整片投影大牆讓遊客分為兩隊進行捕魚比賽，不認輸的小孩各個非常投入！手創水族世界裡可替小魚塗上顏色，就能掃描投影在大螢幕上。最後，四樓廚房的餐點份量不少，價格合理，若是不想走遠可以考慮在此用餐，把時間省下繼續玩好玩滿吧。

安永心食館

地址	宜蘭縣蘇澳鎮中山路二段 415 號
電話	0800-533-699
營業時間	平日 9:00 ～ 17:00，假日 9:00 ～ 20:00；每週四休館
交通	「市府轉運站」搭乘首都客運 1570、「台北轉運站」搭乘葛瑪蘭客運 1917 至「羅東轉運站」，轉乘國光客運紅 2（假日）、公車 1766（平日）至「安永心站」
門票	全票 200 元

地圖

官網

停車	園區附設停車場
年齡	0 歲～成人　　參觀時間　1 ～ 2 小時

哺乳室

尿布台

嬰兒車
友善環境

塗鴨蛋、好玩射擊場、划船，有趣新景點

鴨寮故事館 ▶ 邱比準射擊博物館 ▶ 中華中划黃金河道獨木舟 ▶ 武淵水火同源

10 元餵鴨餵飽飽，還有鴨蛋 DIY；有趣射擊闖關去，哆啦 A 夢空氣砲、憤怒鳥彈弓，全家一起玩超有趣；再到農田裡划 SUP，水火同源溜滑梯，超好玩。

鴨寮故事館

「鴨寮故事館」原本是鴨舍，後來改建成複合式觀光農場，館內結合商品販售、餐廳及展示區。架上販售不少農產品，其中餵鴨子的飼料一大包只要 10 元，可以讓小孩餵食許久。館內除了餵鴨子，還有紅鴨蛋 DIY 及手作 PIZZA、生態導覽、彩繪鴨蛋等多種活動 DIY。牆上掛滿許多圖板，介紹鴨子品種和養鴨的故事，我們還意外看到保溫箱裡剛孵化的鴨寶寶，毛茸茸的超可愛！

來到戶外，這裡有幾隻鸚鵡，只見大家不斷地和牠說你好，結果換來鸚鵡的冷眼相待。無奈從鸚鵡這裡得不到溫暖，那就去找鴨鴨吧。一包飼料在手，讓女兒變成鴨媽媽，成群鴨鴨大軍跟在她後頭東奔西走，那搖頭晃腦的模樣超好玩。

鴨寮故事館

地址	宜蘭縣五結鄉協和村公園路 88 號
電話	03-9504646
營業時間	8:00 ～ 17:00；週四休
交通	開車使用「鴨寮故事館」導航
門票	免費

地圖

停車	園區附設停車場
年齡	0 歲～成人
參觀時間	1 小時

嬰兒車
友善環境

邱比準射擊博物館

雨天ok!

　　「邱比準射擊博物館」是宜蘭的新景點，以射擊為主題的博物館超有趣，入館前需與其他遊客組隊一同進行挑戰。門票是一條準心手環，上頭有各種能力素質的量表。導覽人員會帶著我們依序闖關，第一關是可愛的「憤怒鳥射擊遊戲」，遊客需要使用巨大彈弓，把綠色小豬彈射出去擊落對面的憤怒鳥，搭配遊戲背景音樂更是熱血。

　　第二關「瘋狂投籃機」，這邊有高低遠近不同共 25 個籃框，即使有在打籃球的人，看著不斷倒數的時間也是有壓力。第三關「空氣槍」，遊客得先將子彈裝填完畢，接著瞄準靶心狂射。第四關「打飛靶」，眼前 1:1 的模型槍讓爸爸們都興奮不已，把螢幕上的飛靶掃射一遍就對了。第五關「空氣炮」，遊客分成兩隊，防守方戴上竹蜻蜓帽子，攻擊方將空氣炮裝填環保煙霧，接著就猛烈攻擊防守方頭上的竹蜻蜓，過程中可以看見一團團的白色煙霧超有趣。第六關「羅賓漢射蘋果」，就是拉弓射箭。

　　結束瘋狂的闖關遊戲後回到一樓休息區，依照指示製作飛鏢可以換獎品。戶外還有幾項免費投準遊戲不限次數遊玩，例如射飛斧、踢足球、丟沙包及橡皮筋射擊，另外有個超巨大鏢靶可投擲標槍。整體遊戲規劃有創意，讓人意猶未盡！

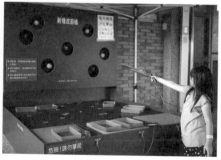

邱比準射擊博物館

地址	宜蘭縣冬山鄉八仙二路 93 號
電話	03-9507110
營業時間	9:00 ～ 17:00；週四休
交通	開車以「邱比準射擊博物館」導航
門票	250 元

地圖　　FB

停車	路邊可停車	年齡	4 歲～成人	參觀時間	1 小時

中華中划
黃金河道獨木舟

戶外景點

近年來 SUP 越來越夯，同時滿足秘境旅行、極限運動及玩水樂趣，但是如果不會游泳或小朋友也想體驗怎麼辦？別擔心，中華中划推出宜蘭划獨木舟的行程，讓你在號稱宜蘭版「伯朗大道」稻田間的溝渠，悠閒地划著獨木舟。

選好船槳後，教練會指導划船的姿勢。著裝後，越過稻田準備出發啦。全程約 1 小時，若是兩大一小，讓小孩坐中間，爸媽前後兩邊這樣重量較平均，整趟行程沒有大風大浪不用擔心翻船。

一艘船只能拿兩付船槳，所以全家人可以輪流體驗划船的滋味。當然，後座是最可以偷懶的位置。沿途經過不少小橋，此時前面的人必須用手推動船身前進。雖然視野被兩旁的河道遮蔽，但以不同的視角觀賞貼近河面的水鳥，也讓小孩看見農田生態，學習課堂外的有趣知識。

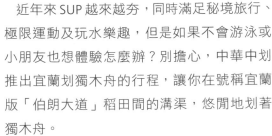

中華中划黃金河道獨木舟

地址	宜蘭縣冬山鄉協松路 530 號
電話	0921825322
營業時間	8:00 ～ 17:00
交通	建議自行開車，以「冬山鄉協松路 530 號」導航
門票	成人 500 元，國小 300 元（12 歲以下 3 歲以上）

地圖　　FB

停車	集合點空地可停車	年齡	6 歲～成人	參觀時間	1 ～ 2 小時

武淵水火同源

雨天ok！

　　宜蘭特色溜滑梯再一發，武淵水火同源擁有特殊景觀與泡腳戲水，已是當地人氣景點，現在多了大碗公磨石子溜滑梯，假日更是擠滿人潮，好不熱鬧。初次造訪，最讓我感到驚訝的並非水火同源，而是這綠油油的人工草皮，小孩可以脫下鞋子盡情奔跑！

　　由於地底下氣體冒出因而燃燒，造就水火同源的奇景，注意不要讓小孩靠近火源，水質雖然略呈混濁，但單純玩水、泡腳仍是快意十足。現場環境也維持得相當乾淨整潔，超大片的草皮適合親子家庭來此野餐。

　　後方就是大碗公溜滑梯，坡度不高但相當滑溜，磨石子光滑表面不用擔心小孩受傷，只見他們躺著溜、趴著溜，各種姿勢玩得超開心。由於這裡位於高速公路下方，不用擔心酷暑或雨天，一年四季都能玩！

武淵水火同源

地址	宜蘭縣冬山鄉武淵路 103 號
開放時間	全天開放
交通	開車以「武淵水火同源」導航
門票	免費

地圖

停車	附近設有停車場
年齡	0 歲～成人
參觀時間	1 ～ 2 小時

嬰兒車
友善環境

2AF220

大台北親子遊：從市中心一路玩到大自然！

160+ 人氣景點大滿足提案，完美行程 X 主題探索 X 趣味體驗，超多規劃原來還可以這樣玩

作　　者　可大王
責任編輯　李素卿
主　　編　溫淑閔
版面構成　江麗姿
封面設計　走路花工作室

行銷企畫　辛政遠、楊惠潔
總 編 輯　姚蜀芸
副 社 長　黃錫鉉

總 經 理　吳濱伶
發 行 人　何飛鵬
出　　版　創意市集

發　　行　城邦文化事業股份有限公司
　　　　　歡迎光臨城邦讀書花園
　　　　　網址：www.cite.com.tw

香港發行所　城邦（香港）出版集團有限公司
　　　　　香港灣仔駱克道 193 號東超商業中心 1 樓
　　　　　電話: (852) 25086231
　　　　　傳真: (852) 25789337
　　　　　E-mail：hkcite@biznetvigator.com

馬新發行所　城邦（馬新）出版集團
　　　　　Cite (M) SdnBhd
　　　　　41, JalanRadinAnum, Bandar Baru Sri Petaling,
　　　　　57000 Kuala Lumpur, Malaysia.
　　　　　電話: (603) 90578822
　　　　　傳真: (603) 90576622
　　　　　E-mail：cite@cite.com.my

印　　刷　凱林彩印股份有限公司
　　　　　2021 年（民 110）1 月
　　　　　Printed in Taiwan
定　　價　360 元

客戶服務中心
地址：10483 台北市中山區民生東路二段 141 號 B1
服務電話：（02）2500-7718、（02）2500-7719
服務時間：週一至週五 9：30 ～ 18：00
24 小時傳真專線：（02）2500-1990 ～ 3
E-mail：service@readingclub.com.tw

※ 詢問書籍問題前，請註明您所購買的書名及書號，以及在哪一頁有問題，以便我們能加快處理速度為您服務。

※ 我們的回答範圍，恕僅限書籍本身問題及內容撰寫不清楚的地方，關於軟體、硬體本身的問題及衍生的操作狀況，請向原廠商洽詢處理。

※ 廠商合作、作者投稿、讀者意見回饋，請至：
FB 粉絲團．http://www.facebook.com/InnoFair
Email 信箱．ifbook@hmg.com.tw

版權聲明　本著作未經公司同意，不得以任何方式重製、轉載、散佈、變更全部或部份內容。

若書籍外觀有破損、缺頁、裝訂錯誤等不完整現象，想要換書、退書，或您有大量購書的需求服務，都請與客服中心聯繫。

國家圖書館出版品預行編目（CIP）資料

大台北親子遊：從市中心一路玩到大自然！160+
人氣景點大滿足提案，完美行程 X 主題探索 X 趣
味體驗，超多規劃原來還可以這樣玩 / 可大王 -- 初
版 . -- 臺北市：創意市集出版：城邦文化發行，民
110.1
面； 公分 .
ISBN 978-986-5534-24-0(平裝)
1. 台灣遊記 2. 親子

733.6　　　　　　　　　　　　　　　109017593